세계를 향한 꿈·나눔·희망바이러스!!

(18세 고딩) 네팔을 만나다

[만든 사람들]
기획 ··· 실용기획부
진행 ··· 권현숙
집필 ··· 이재혁
삽화 ··· 이재은
표지 일러스트 ··· 박진영
캘리그라피 ··· 전연주
편집 디자인 ··· 디자인크레타(www.designcreta.com)
표지 디자인 ··· 디자인크레타(www.designcreta.com)

[책 내용 문의]
도서의 내용에 대한 궁금한 사항이 있으시면,
디지털북스 홈페이지의 게시판을 통해서 해결하실 수 있습니다.
디지털북스 홈페이지 ··· www.digitalbooks.co.kr

[각종 문의]
영업 관련 ··· digital@digitalbooks.co.kr
기획 관련 ··· ley35@digitalbooks.co.kr
전화 번호 ··· (02)447-3157~8

※ 잘못된 책은 구입하신 서점에서 교환해 드립니다.
※ 이 책의 일부 혹은 전체 내용에 대한 무단 복사, 복제, 전재는 저작권법에 저촉됩니다.

추천의 글

열여덟 고딩의 꿈

월간 포토넷 **최재균 대표**

언젠가부터 '꿈'이라는 말 듣기가 어려워졌다. '대통령이 될 거에요, 장군이 될 거에요' 하는 미소가 떠오르게 만들던 귀엽고 소박한 꿈은 미뤄두고라도 '나는 사진할 거야, 나는 요리할 거야' 하는 자신의 미래에 대한 꿈도 마찬가지다. 몇 년 전 '부자되세요' 하는 광고 문구가 새해 인사말이 된 이래 이제 모두의 꿈은 '부자' 되는 것이다. 의대에 들어가며 '인류에 공헌하겠다' 거나 교대에 입학하며 '우리 사회의 미래를 키워내겠다' 는 이상을 마음에 품은 이들도 만나기 힘들다. '안정'과 '풍요'가 이들의 지향이다. 모험에 나서지 않는 그들은 이미 늙은이다. 조로(早老)한 것이다.

슈바이처는 이야기했었다. 사람은 청소년 시절에 소중했던 사상과 확신을 하나씩 포기하면서 합리성을 얻게 된다고. 인생의 험로와 폭풍우를 헤쳐 나가는데 몰두한 나머지, 진리에 대한 확신, 사람에 대한 믿음, 선과 평화에 대한 신뢰 같은, 인생에서 반드시 먹고 마셔야만 하는 정신적 양식을 저버린다고. 그 결과 인생이라는 배는 가볍게 저어갈 수 있게 되었지만 배고픔과 갈증에 시달려 초췌한 사람이 되고 만다고. 하지만 슈바이처는 이상이 현실에 굴복하는 것은 그 이상이 충분히 강렬하지 못하기 때문이라고 충고한다.

꿈과 미래를 이야기하는 열여덟 고딩, 이재혁의 모험과 봉사는 그래서 반갑다. 밴드에서 기타를 연주하고 뮤지컬 무대에서 자신을 시험하는 이 젊음의 가슴은 아직 뜨거운 모양이다. 그가 자기 항로를 바로 잡고 현실적 어려움을 극복해낼 이상을 간직하여 인생 항해를 훌륭하게 완수해내기를 함께 꿈꾸며 빌어주고 싶다.

추천의 글

가공되지 않은 날 것 그대로의 네팔

네팔관광청 한국사무소 **소장 K.P Sitoula**

일반 한국 사람들에게 네팔은 모험심으로 가득한 전문 산악인들이 주로 방문하는 나라라고 인식한다거나, 8,000미터를 훌쩍 넘는 고봉들이 즐비한 탓에 세계 각지의 유명 산악인들이 자신의 산악인생을 걸고 모험을 즐기는 곳이란 인식이 강한 것도 사실이었습니다. 그래서 많은 사람들이 네팔하면 으레 히말라야를 떠올리곤 했습니다. 하지만 최근 들어 네팔 정부에서는 물론 관련 홍보기관이나 민간단체들이 많은 노력을 기울여 세계 여행자들을 적극적으로 유치하면서부터 네팔에 대한 인식이 많이 바뀌었습니다. 네팔은 장대한 히말라야 산맥 이외에도 여행자들에게 충분히 매력적인 나라입니다.

네팔은 매우 독특한 지리적 위치와 편차가 큰 고도로 인해 세계에서 손꼽히는 풍부한 생물 종을 매우 다양하게 보유한 나라이고, 해발 60m부터 지구상 가장 높은 8,848m의 에베레스트를 반경150km 이내의 거리에 아우르고 아열대에서 북극에 해당되는 각종 기후 조건들을 두루 체험할 수도 있습니다. 100개 이상의 소수민족과 90개 이상의 부족어, 여러 종교와 문화가 완벽한 조화를 이루어 숨 쉬는 "살아있는 박물관"이라는 표현이 딱 어울리는 곳입니다. 유네스코가 지정한 세계 문화유산 10개 중 수도인 카트만두분지에만 7개의 옛 왕궁과 사원들이 집중되어 있고, 8번째 문화유산인 석가모니(부처) 탄신지 룸비니는 불교도들의 성지순례 장소로 알려져 있습니다. 2개의 자연유산인 세계의 지붕 에베레스트 국립공원과 치터원 국립공원. 이곳은 코끼리를 타고 정글사파리를 즐기거나 푸른 호수가 아름다운 포카라에서 고즈넉한 여행을 즐기기에 안성맞춤입니다. 건강 열풍의 웰빙시대 트레킹 장소라면 네팔의 히말라야 트레킹만한 곳이 또 있을까요? 이제 한국에서도 네팔 카트만두행 직항편이 개통되어 누구나 편안하게 네팔 방문이 가능해졌고, 그런 이유 때문인지 서점에는 네팔여행에 관한 안내 서적들도 예전보다는 다양해졌습니다. 그러므로 네팔은 한국에서 새로운 여행 장소로 급부상하고 있는 셈입니다.

이러한 때 이재혁 학생이 쓴 네팔 여행기는 참 신선하게 다가왔습니다. 비록, 다른 전문 여행작가들의 네팔 여행기처럼 네팔 구석구석에 대한 정보들로 가득하지는 않았지만, 고등학생의 신분으로 바라본 네팔의 '날 것 그대로의 모습'을 담담하게 담아냈다는 점에서 다른 여행 서적들과 구별되었습니다.

이재혁 학생이 이 책을 쓴 이유이기도 하고, 또 책에서 여러 차례 언급했던 것처럼 네팔은 지금 개발과정에 있기 때문에 이것저것 부족한 면이 많습니다. 네팔 전체를 관통하는 가난과 기아의 문제도 그 중의 하나인 것이 사실입니다. 네팔의 자랑인 천혜의 자연 환경, 카트만두 도심 주변에 즐비한 세계 문화유산들에 대한 서술과 더불어, 네팔이 외부인들에게 유쾌하게 드러내고 싶지 않은 부분까지도 따뜻하고 균형감 있게 서술한 이 책은, 그래서 주목할 만합니다. 게다가 네팔의 상체기를 바라보는 시선까지도 결코 부정적이지 않고 사랑과 희망으로 충만해 있어 그 가치는 더욱 빛날 수 있다고 생각합니다.

오랫동안 네팔관광청 한국사무소 소장으로 일했지만 여쾌까지 미처 발견하지 못했던 네팔에 대한 새로운 시각을 깨우쳐준 고등학생에게 오히려 감사의 말을 전하며, 더불어 고등학생의 시선으로 바라본 이 책이 독자들에게 네팔과 네팔의 문화를 좀도 쉽게 접근하는데 도움이 되었으면 하는 바램입니다. 이재혁 학생처럼 기특하고 의미 있는 일을 할 수 있게 길을 열어주고 훌륭한 인재형성에 기여하고 있는 'World Vision' 관계자 여러분과 이재혁 학생의 부모님께도 고개 숙여 깊은 감사의 인사를 올리고 싶습니다.

추천의 글

함께 살아가는 세상을 위해

월드비전 홍보팀 **김보경 팀장**

삶의 열정과 비전을 찾아 떠났던 열여덟. 여행의 한걸음 한걸음이 차곡차곡 삶의 토양에 값진 거름이 되어 줄 것을 믿습니다. 나와 다른 사람들의 삶에 관심 갖고, 함께 호흡하는 법을 배우려는 소년이라면, 더 많은 사람을 사랑하고 함께 살아가는 세상을 만들 비전의 청년으로 자랄 것도 믿습니다.

그런 변화를 위한 첫걸음에 월드비전을 통한 후원, 즉 이름도 낯설은 네팔 비라트너거르의 소녀 '산티'와의 만남이 있었음에 감사합니다. 이런 나눔이 사실 가난한 이들에게 도움이 되는 것뿐 아니라 바로 대한민국의 우리, 특히 젊은이들을 바꾸는 큰 힘을 믿기에 이 나눔은 더욱 소중합니다.

열려 있는 기회와 그 선택의 무게…

교보문고 구매팀 **안민성 팀장**

무얼해도 어설프고 미완인 시절은 누구에게나 있을 것이다. 고교시절. 나의 그 시절도 그랬던 것 같다. 그때가 바로 나의 꿈 많던 청소년 시절이 아니었던가? 생각해 보건데 그때야말로, 세상의 엄청난 것들을 고민하고 세상의 엄청난 것들을 스스로 해결할 수 있을 것이라는 엉뚱하고도 발칙한 꿈을 꾸었던 시기가 아니었나? 실제로 가장 열려 있는 기회의 시기이고 그래서 귀로의 시기이기도 하다. 부딪혀 깨지고, 크고 작은 실수로 의기소침해져도 이 시기야말로 세상을 좀더 지혜롭게 살기 위한 과정의 한가운데에 서 있는 것일 테니까.

그러나 무엇보다 중요한 것은 스스로 세상을 바라보는 따뜻한 마음, 따뜻한 사랑이 아닐까? 오늘은 비록 약하지만 마음 따뜻한 한 청년이 자라면 세상도 한층 더 따뜻해질 테니까. 특히 이 책은 고등학생이 쓴 단순한 해외여행기가 아닌 기아와 평화 그리고 인간에 대한 사랑이라는데 다시 한 번 놀란다.

대한민국에서 태어나, 록의 정신을 배운 레드 제플린을 멘토로, 기타 연주의 진수를 보여준 지미 페이지를 스승으로 둔 열여덟, 열혈 고딩 이지혁. 낯선 공간에서 나를 발견하고 싶어하는 기대감으로 자아를 찾기 위해 떠나는 네팔, 시간여행자의 욕망과 닮아있다고 했다.

네팔 여행에 대한 의미를 "그곳 사람들의 삶을 통해 자아를 찾겠다"고 떠나는 한 고딩의 발자취를 따라서 함께 떠나가 보자.

추천의 글

고딩의 재발견

대중문화평론가 **류근모**

최근 출판계에서 주목할 만한 흐름 중의 하나는 전문 작가군이 아닌 비전문가 집단, 그 중에서도 청소년들이 직접 작가로 참여해 책을 출간하는 것이다. 인터넷상에서 선풍적인 인기를 끌었던 '귀여니 소설'이 오프라인 소설로 출간돼 많은 논란에도 불구하고 장기간 베스트셀러를 기록한 것이 그 시발점으로 여겨지는데, 그 후풍에 발이라도 담가보고 싶은 출판사들의 심정이 시장에 반영되어 하나의 흐름이 형성된 것이다. 그래서 트렌디하다 못해 도무지 주제가 무엇인지 파악하기도 힘든 청소년문학들이나 '조기유학 성공법' 따위의 성공 수기들이 청소년 창작물의 이름으로 출간 러시를 이루고 있다. 오직 입시만을 위해 학원과 학교를 오가는 공부기계 아니면, 게임과 인터넷에 빠져 사는 디지털 폐인들로 양분되는 요즘 청소년들의 세태를 고려했을 때, 어떤 식으로든 글을 써서 책을 낸다는 사실 자체만으로도 내용의 면면과 별개로 반가운 일임에 틀림없다.

또 하나의 청소년 창작물인 이 책은 고등학교 2학년 학생이 쓴 해외여행기이다. 한때 배낭여행이 유행이었을 때 대학생들이 쓴 체험 여행 서적들이 인기를 모은 적이 있었지만, 이 책의 컨셉트는 그것과는 전혀 다른 것이, 다소 엉뚱하기까지 하다.

추천사를 위해 처음 원고를 받았을 때 난 고등학생이 쓴 해외여행기가 어떤 의미일지 의아했다. 우리나라의 교육현실을 고려해봤을 때 이 책을 읽은 다른 고등학생들이 저자처럼 해외여행을 위해 짐을 꾸릴 일이 만무하기 때문이었다. 하지만, 원고 한 장 한 장을 읽어 내려가면서 처음 느꼈던 의아함은 곧 당혹감으로 바뀌고 말았다. 이건 단순히 고등학생의 좌충우돌 해외여행기가 아니었기 때문이었다. 고등학생인 저자는 이 책에서 끊임없이 세계의 기아와 환경, 그리고 희망에 대해 얘기하고 있다. 기본적인 내용은 한비야의 아프리카 구호활동 경험을 책으로 엮은 '지도 밖으로 행군하라' 에 고무된 듯 보이는 저자가 월드비전이라는 구호단체를 통해 네팔에 가게 되면서 경험한 것을 기술한 것이지만, 그 내용의 면면은 일반적인 여행기가 담아내는 그 이상을 담고 있다. 또, 그 짧은 시간 동안의 경험을 체화해 다시 외부로 확장시키는 능력이라던가, 사물이나 사건을 대하는 시각이 고등학생의 것이라고는 믿기지 않을 정도로 날카롭기만 하다. 게다가 평소에 상당한 독서량이 있음을 가늠하게 하는 유려한 문장들은 책을 읽는 사람들에게 문장 자체의 유희에 빠져, 한 문장 한 문장 곱씹으며 책장을 넘기게 하는 즐거움을 선사해준다. 하지만, 정작 이 범상치 않은 고딩의 네팔여행기가 주는 메시지는 다른 곳에 있다. 먹고 사는 문제에 버거워 주변을 둘러볼 여유마저 상실한 현대인들에게 나눔이라는 희망을 갖게 만드는 것이다. 고백하건대, 나 또한 조카뻘되는 저자의 글을 읽다 부끄러움에 얼굴이 붉어지는 것을 느낀 게 수차례였으니 말이다. 요즘같이 끝이 보이지 않는 불황으로 모두가 힘들어하는 시기이기에, 희망의 요소라곤 눈을 씻고 찾으려 해도 찾을 수 없는 시기이기에, 고딩 저자가 전하는 메시지가 더더욱 훈훈하다. 시인 박노해가 사람만이 희망이라고 했던 것처럼, 저자가 네팔소녀에게서 희망을 발견했던 것처럼, 끊임없이 말했던 것처럼, 희망은 우리 주변에 늘 존재하는 것임을 일깨워줬으니 말이다.

Contents

*추천의 글 .. 04

*프롤로그 .. 18

*intro 어설픈 개척자…

01 풍경사진 따위나 찍으러 가는 게 아니다 .. 24
- 무엇이 나를 네팔로 향하게 하는가? .. 24
- 몽골에서의 까칠했던(?) 기억 .. 26

02 사람만이 희망이다 .. 32
- 바람을 닮은 그, 한비야 .. 32
- 아프리카에서 바람소리를 듣다 .. 34
- 민간 국제구호단체 월드비전 _ 월드비전(world vision)이 맺어준 인연 .. 39
- 미리 만난 이국땅 비라트너거르의 소녀 .. 41

*01 천국의 아이들을 만나다

01 비라트너거르의 아이들 ..46
- 네팔 행 비행기에서 만난 사람들 ..46
- 황량한 도시, 비라트너거르 ..50
- 5000원의 행복, 릭사 ..52
- 가난한 거리의 여유로운 사람들 ..55
- 네팔 아이들과의 첫 만남 ..59
- 폴라로이드 사진 한 장으로 만난 빗속의 행복 ..64

02 천국의 아이들을 만나다 ..68
- 네팔의 한비야, 어누 ..68
- 힌두 국가에서 울려 퍼지는 찬송가 ..71
- 온통 경적으로 뒤덮인 거리 ..73
- 오래된 풍경화 속에 사는 천사들 ..76
- 천국의 아이들이 준 선물 ..90

Contents

*02 네팔의 또 다른 이름, 카트만두

01 네팔의 또 다른 이름 카트만두 .. 100
- 여행자를 유혹하는 갈색 도시 .. 100
- (한국말이)어눌한 현지 가이드 지번 .. 104
- 일본의 도요타(TOYOTA), 한국의 현대(HYUNDAI) .. 106
- (네팔을 억압하는)인도의 신무기, 석유 .. 109
- 한국 음식점 경복궁 .. 112

02 신들과 소통하는 사람들 .. 117
- 예술의 혼이 살아있는 네와르족의 파턴 .. 117
- 왕궁이 즐비한 더르바르 광장 .. 127
- 살아있는 여신, 쿠마리 사원 .. 134
- 한 줌의 재로 변한 망자의 한, 퍼슈퍼티나트 사원 .. 136
- Stairway to Heaven, 보우더나트 .. 142
- 가장 네팔다운 불교사원, 쉬염부나트 .. 147
- 네팔 전통음식점 .. 154
- 카트만두를 떠나며! .. 158

*03 신들이 사는 영험의 땅, 히말라야

01 시간이 멈춘 도시, 벅터푸르 .. 164
- 지번이 사는 마을 .. 164
- 18세기의 거리 .. 168
- 네팔의 학생들 .. 174

02 히말라야로 가는 길 .. 177
- 미리 만난 히말라야, 너거르코트 전망대 .. 177
- 히말라야 트레킹의 출발, 포카라 .. 187
- 푸르름으로 가득한 도시 .. 191
- 호수 안에 있는 집 .. 199
- 티베트인들의 삶 .. 207

Contents

🌱 03 신들의 고향에 발을 디디다! .. 214
- 빛을 만드는 산, 산을 수놓은 논 .. 214
- 산장의 호텔, 로지 .. 223
- 구름 속에 누워 망상에 빠지다 .. 233
- 구름 속의 만찬 .. 237
- 산 속 소년과의 만남 .. 241
- 고산지대의 괴물, 거머리 .. 244
- 신들의 영토, 히말라야를 만나다(마운틴 플라이트) .. 252
- 다시 카트만두 공항, 네팔을 떠나며 .. 258

*outro 열여덟, 나는
         리틀 인디아나존스 이재혁이다

01 열여덟, 열혈 고딩 이재혁 .. 266

02 리틀 인디아나 존스가 떴다! .. 270

03 걱.정.붙.들.어 매.세.요! .. 272

프롤로그
어느 고딩의 사랑이야기

지난 여름방학 저의 특별했던 여행에 대한 기록이 겨울방학이 돼서야 마무리되었습니다. 몇 년 동안 짝사랑을 해왔던 이국땅 소녀를 만나러 떠나는 여행이어서, 그리고 그만큼 고대했던 여행이어서 단숨에 써내려갈 수 있을 거라고 생각했는데, 생각보다 쉽지 않은 과정이었습니다. 처음 여행을 다녀와서는 가슴 속에 고스란히 남아 있는 네팔소녀에 대한 마음으로 금방 써 내려가면 그만일 거라 생각했었거든요. 휴우~ 그렇지만 아무리 제가 보고 느낀 것을 그대로 기록하는 것이라지만 역시 글을 쓴다는 일이 그리 쉽지 많은 않았습니다. 핑계를 대자면, 제가 전문적으로 글을 쓰는 사람이 아니기 때문이기도 하겠지만요. 학교생활 짬짬이 글을 쓴다는 것도 결코 만만치는 않았습니다.

저는 제가 쓴 이 네팔 여행에 대한 기록이 단순히 네팔 여행기로 읽히지 않았으면 좋겠습니다. 오랜 시간 동안 네팔 구석구석을 돌아다니며 자세히 기록한 책들은 이것 말고도 얼마든지 많을 테니까요. 대신, 아직 성숙하지 못한 고등학생의 사랑이야기로 읽어주셨으면 하는 바람입니다. 아니, 저는 아직까지 뜨거운 사랑 한 번 해보지 못했기에 물론 연애소설은 아닙니다만, 좀 특별한 사랑이야기, 세상에 대한 사랑이야기, 환경에 대한 사랑이야기, 좀 거창하게 말하자면 내가 발 딛고 서 있는 지구촌에 대한 사랑이야기 말입니다.

네팔소녀 산티를 만나고 느꼈던 감정들, 네팔을 여행하며 본 기록들, 그냥 일기장에 적어놓고 간직해도 그만인 것을 굳이 책으로 내고 싶었던 이유라면 제가 느꼈던 사랑이 혼자만 간직하기에는 너무 안타깝다는 생각에서였습니다. 세계 곳곳에서 가난으로 고통 받고 있는 사람들에 대해 널리 알리고 싶은 생각도 있었고요... 보다 많은 사람들이 저처럼 사랑에 빠졌으면 하는 바람을 담았습니다. 뭐 꼭 네팔이 아니어도, 외국이 아니더라도 상관은 없겠지요. 우리나라의 산간벽지에 살고 있는 아이들, 인터넷도 들어오지 않고 편의점도 없는 작은 섬에 살고 있는 아이들도 마찬가지일 테니까요. 부족하지만, 이 책을 통해서 그런 저의 사랑의 마음이 전해졌으면 좋겠습니다.

저는 지금 이 책이, 저에게도 세계의 아이들을 뒤돌아볼 수 있도록 이끌어주었던 어떤 책처럼, 다른 사람들에게도 더 많은 아이들을 후원할 수 있는 계기가 될 수 있기를 바라는 마음입니다. 월 2만 원. 저의 한 달 용돈을 조금씩 아껴 산티에게 보내는 작은 금액입니다. 하지만, 그곳에서 실감한 한국의 2만 원은, 산티는 족히 한 달을 살 수 있는 생활비였습니다. 제가 군것질할 돈으로 한사람의 한 달을 책임질 수도 있다는 것입니다. 비록 한 명에게 밖에 도움을 줄 수 있을 뿐이지만, 이러한 후원의 손길이 제 친구들에게만 퍼지더라도, 족히 이 마을 아이들은 모두

도울 수 있겠다는 생각을 했습니다. 아이들의 해맑은 미소. 저 미소가 적어도 가난 때문에 사라져선 안 될 것이라는 생각도 들었습니다. 제 눈앞에서 아이들의 미소를 보았고, 작은 후원이 얼마나 큰 희망일 수 있는지를 깨달았습니다. 이렇게 작은 도움이 얼마나 큰 힘이 되는지 이 글을 보시는 독자분들에게나마 전달되었으면 정말 좋겠습니다.

몇 달 동안 힘들게 고생한 끝에 탈고를 하고 원고를 끝냈다는 뿌듯함과 함께 아쉬움도 큽니다. 책을 내기엔 턱도 없이 부족한 저의 역량이 원망스럽기도 하구요. 하지만, 저의 짧은 경험과 생각을 쥐어짜가며 용기를 낸 건 이것이 시작이라는 희망을 품었기 때문입니다. 그 희망은 앞으로도 계속 이어질 희망이고, 앞으로 더 많은 기회가 있을 것이라 확신하기 때문입니다. 다짐삼아 말씀드리자면, 고등학교 생활을 마치고 조금은 시간이 넉넉해지는 내년에는 다시 꼭 한 번 네팔을 방문해 좀 여유 있게 네팔을 느껴보고 싶습니다. 그때쯤이면 네팔의 현지가이드 지번의 한국말 실력도 좀 늘었을려나요? 금방이라도 눈물을 쏟아낼 듯 유난히도 큰 눈을 가진 네팔소녀 산티와 시내 구경도 함께 해보고 싶고요, 거머리 때문에 중간에 포기했던 히말라야 트레킹에도 다시 도전해보고 싶습니다. 아, 산티와 함께 히말라야 설산을 보는 것도 좋겠습니다. 아무튼 부족한 저의 기록이 책으로 출판되기까지 도움을 주신 많은 분들께 진심으로 감사드립니다.

먼저 하느님께 이 모든 영광을 드리고요…늘 저의 든든한 후원자가 되어주시는 부모님. 정말 예쁜 일러스트로 이 책을 빛내준 동생 재은이(예고합격 축하한다 ^^), 제게 끼를 전수해준 삼촌, 그리고 학교선생님들과 우리 10반 친구들(특히 몽골에서 내 사진을 멋지게 찍어준 수빈아 땡큐^^), 또한 엉뚱한 돌덩이를 훌륭한 보석으로 다듬어주시고 격려의 글까지 섭외해주신 출판사의 권현숙부장님께도 감사드립니다. 모두모두 행복하세요. ^^

P.S. 참, 한 가지 꼭 부탁 말씀드릴 게요. 제가 경험했던 2만 원의 행복 말인데요. 꼭, 월드비전이 아니라도 이러한 NGO단체를 통하면 지구촌 곳곳에서 가난과 기아에 허덕이는 아이들과 만날 수 있습니다. 아주 작은 관심과 정성만 있으면 누구에게나 가능한 일일 겁니다. 저는 작은 나눔의 기쁨이 얼마나 큰 행복을 주는지 깨달았답니다. 이 글을 읽으시는 여러분도 함께할 수 있기를 바랍니다. 감사합니다.

이 재 혁 드림

*intro 어설픈 개척자…

오늘도 꿈을 꾼다…
아직은 여물지 않은
어설픈 도전자다.

꿈과 희망은
꿈꾸는 도전자만의 몫이니까…

NEPAL TRAVEL

01 풍경사진 따위나 찍으러 가는 게 아니다

▶ 무엇이 나를 네팔로 향하게 하는가?

나는 언제나 여행지의 첫 발자국을 설렘으로 기억한다. 그 설렘은 한 번도 경험해보지 못한, 단순히 생경한 공간에 대한 기대감만을 의미하지는 않는다. 생경한 공간에서 발견할 새로운 내 모습과 그 모습이 어떤 모양으로 날 변화시킬지에 대한 설렘을 다량 포함한다.

내가 발 딛고 서 있는 현실이 아닌 낯선 공간에서 나를 발견하고 싶어하는 이 아이러니한 기대감은, 자아를 찾기 위해 평생 여행을 떠나는 시간여행자의 욕망과 닮아있지는 않을까?

영국의 전설적인 아트 록 그룹 'Camel'의 연주곡 'Stationery Traveler'. 어쩌면 우리의 인생 자체가 이 노래의 제목처럼 정처 없이 길을 떠나는 여행자 같은 것일지도 모르지만, 나는 그렇게 또 나를 찾아 끊임없는 여행을 떠나는 것이다.

이번 여름, 그러니까 2008년 여름 나는 고등학교 2학년이다. 나 역시 우리나라의 고등학교 2학년들이 당연히 가지고 있을 부담감에서 결코 자유롭지 않다. 하지만, 내가 네팔 행을 결심한 건 그 부담감을 충분히 상쇄하고도 남을 그 무언가를 찾을 수 있다는 확신 때문이다. 그 곳으로 달려가 온몸으로 직접 겪어보지 않고서는 견딜 수 없는 기운이 솟구쳐 오르기 때문이다. 여름, 기말고사가 끝나자마자 집으로 돌아와 네팔로 날아갈 준비를 하며 상념에 빠져든다.

'힌두교와 불교가 뒤섞여 찬란한 문화유산을 자랑하는 나라. 신과 산들이 가득한 히말라야를 배경으로 신과 소통하며 사는 사람들. 그 사람들의 삶은 어떤 것이며, 그들의 삶에서 나는 또 어떤 자아를 만나게 될 것인가!'

몽골 봉사 활동(몽골 울란바토르 10중학교 전경)

▶ 몽골에서의 까칠했던(?) 기억

작년 여름 난 조금 특별한 여행을 경험했다. 몽골 농촌 지역으로 직접 체험 여행을 떠나게 되었다. 사실 여행이라고 명명하기엔 다소 난감할 정도인, '막노동 해외봉사활동'이라고 하는 편이 맞을 지도 몰랐다. 여하튼 나와 뜻을 같이 하는 같은 반 친구들과 함께한 생전 처음 겪는 몽골의 낯섦과 쉴 틈 없이 몰아치는 벅찬 여정들은 이제 갓 소년티를 벗어난 우리

들에게, 지금껏 별 어려움 없이 먹고 입고 누렸던 편안한 일상들로부터 경험하지 못했던 힘든 여행에서 또 다른 의미를 발견할 수 있었다.

세상이 온통 평지인 것처럼 끊임없이 펼쳐진 평야지대. 그 사이로 굽이굽이 이어진 들길들을 따라 터벅터벅 걸어가자 아직 완성되지 않은 수채화의 그림 속 풍경 같은 몽골의 농촌 풍경이 모습을 드러냈다. 눈이 부시도록 아름답지만 왠지 살풍경한 광경이랄까? 횅하고 허허롭다.

이런 생각도 잠시 나는 그 광경 속으로 들어가 레고 블록의 주인공처럼 뛰고 달리고 구부리고 앉았다 서기를 반복했다. 물론, 누군가의 강요에 의해 벌을 받은 것은 결코 아니다.
뚝딱뚝딱 집도 짓고, 쓱싹쓱싹 페인트칠도 하며 '몽골판 체험 삶의 현장'을 경험했다. 물도 제대로 나오지 않아 며칠씩 씻기조차 힘든 열악한 환경에 지친 몸 편히 누일 푹신한 침대도 없었다.

TV 속 조영남 아저씨 같은 사람이 나타나 머나먼 이국땅에서의 힘든 노동을 치하해주는 일 따윈 더더욱 없었다. 그러나 그곳 아이들과 함께 땀을 흘리고 함께 생활하면서 이전에는 미처 느끼지 못했던 울컥함이 가슴 깊은 곳에서부터 치밀어 올랐다.
그 울컥함의 정체는 무엇이었을까?
서러움? 연민? 아니면 벌써 향수병인가?
그곳에서의 봉사활동이 텔레비전을 통해 보던 것처럼 그리 낭만적인 일은 아니었다. 풍요의 시대를 사는 빈곤한 이들의 노곤한 삶이 결코 나와 무관할 수 없다는 점을 깨닫게 해주기에는 충분했다. 그건 그들과 직접 만나 땀 흘리며 경험해보지 않고서는 알 수 없는 것이었다.

간간히 텔레비전에서 반영되는 기아 돕기 프로그램을 시청하고 ARS전화 버튼을 누르는 것만으로는 좀처럼 가슴 속에 자리하기 힘들다는 것을, 작년 여름 몽골의 기억이 내게 가르쳐준 것이다.

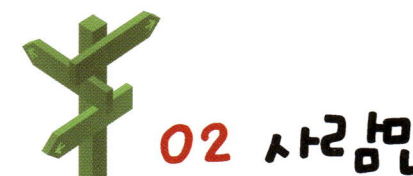

02 사람만이 희망이다

'정말 힘들어 죽겠군. 무쇠로 만든 사람이라도 녹고 말겠다.' 이렇게 입이 댓 발이나 나와 죽겠다고 아우성치면 내 안의 내가 곧바로 튀어나와 이렇게 묻는다. 누가 시켰어? 그렇게 힘들면 그만두면 되잖아. 아니 누가 그만두겠대? 말이 그렇다는 거지. 그럼 왜 계속 하고 싶은 건대? 답은 아주 간단하다. 이 일이 내 가슴을 뛰게 하기 때문이다. 내 피를 끓게 하기 때문이다. 몸은 고생하지만 하고 싶은 일을 하고 있는 지금이 훨씬 행복하다.

-〈지도 밖으로 행군하라〉 중에서 한비야 지음-

▶ 바람을 닮은 그, 한비야

"내 가슴을 뛰게 하는, 내 피를 끓게 하는 일을 하고 있습니까?"

한비야, 그분의 목소리는 바람과 닮아 있었다.

누구에게 던진 질문이었는지, 아니면 스스로에게 던진 다짐이었는지… 그는 나지막한 목소리로 그분의 화두를 세상에 던져놓는다.

세상에 대한, 미래에 대한, 발 딛고 서 있는 이 땅의 희망에 대한….

35세의 나이에 국제 홍보회사를 그만두고 무작정 떠난 7년간의 아프리카 오지여행. 안락한 여행도 거부하고 비행기도 거부한 채, 오직 육로를 이용해 오지를 찾아다니며 바람처럼 그곳의 사람들과 호흡을 같이 한다.

"아프리카 오지를 여행하며 만난 사람들에게서 많은 것을 배우고 느끼며 이를 계기로 나의 삶이 완전히 바뀌었다."

그분은 이후 국제 구호단체인 월드비전에서 긴급구호팀장을 하며 세계 오지의 기아와 난민, 전쟁으로 힘들어하는 아이들을 위해 일생을 바친다. 그분이 오지를 여행하며, 또 오지의 아이들을 만나며 발견했던 새로운 삶이란 무엇이었을까? 그분이 발견한 희망은 무엇이었을까? 나는 그분의 흔적이 체증처럼 묻어난 글들을 하나하나 곱씹으며 최면에 걸린 듯 점점 그에게 빠져들고 말았다.

아프리카에서 바람소리를 듣다

'나는 내 가슴을 뛰게 하는, 내 피를 끓게 하는 일을 하고 있는가?'
한비야가 세상에 던져놓은 화두는 나에게로 되돌아와 더 큰 진폭으로 가슴을 울렸다. 무엇이 그의 피를 끓게 하는지, 내 피를 끓게 하는 일은 무엇인지, 의혹의 증폭은 점점 커져 갔다. 내가 그분을 처음 만난 건 중학교 1학년 때였다. 그가 아프리카 오지를 체험하고 집필한 〈지도 밖으로 행군하라〉라는 책을 통해서였다. 그때는 지금보다도 한참 어린 나이였지만, 나는 막 세계 각지를 여행하는데 재미를 붙이고 있었다. 때마침 그 해는 아버지와 함께 아프리카

여행을 계획하고 있었던 터라, 간접적으로나마 그분을 만난다는 생각에 벌써부터 가슴이 두근거렸다. 그분이 아프리카 오지에서 발견한 것은 무엇인지, 그의 피를 끓게 하는 것은 무엇인지…. 나는 그곳에서 무엇을 발견할 것인지, 너 마음은 이미 한비야가 머물렀던 아프리카 오지에 가 있었다.

끝없이 펼쳐진 초원과 석양을 배경 삼아 얼룩말들이 한가롭게 풀을 뜯고 있다. 커다란 나무 잎사귀들이 간간히 불어오는 바람에 불규칙적으로 흔들린다. 이곳은 대자연이 살아있는 아프리카 초원. 지프차를 타고 뜨거운 바람을 맞으며 풍경들을 지나치는데, 풍경 속으로 살기등등한 물체 하나가 뛰어든다. 굶주린 사자였다. 사자는 낭만적인 시선으로 이국땅의 정취를 감상하는 여행자를 비웃듯 커다란 송곳니를 드러내며 얼룩말을 공격했다. 주변은 곧 붉은 빛으로 물들었다. 그렇다…, 그곳은 아프리카였다. 텔레비전으로 양육강식의 원칙을 가르쳐주었던 '동물의 왕국'의 화면 속이 아니라 실제 강한 것만이 살아남을 수 있는 냉혹한 현실이었다.

강한 것만이 살아남을 수 있는 원초적인 세계에 살고 있는 이곳 아프리카 오지 사람들의 삶은 동물의 세계와 닮아 있었다. 강한 것이 약한 것을 공격해 살아남는 동물의 세계처럼, 이곳 사람들은 마땅한 경제력이 없어 커다란 재앙에 폭격당한 것처럼 가난과 기아에 허덕이고 있었다. 영양분을 섭취하지 못해 배만 볼록 튀어나온 갓난아이들, 깨끗한 식수조차 없어 전염병으로 고생하는 아이들, 제대로 된 교육을 받을 기회가 없어 희망도 없이 오지에 태어난 처참한 삶을 그대로 받아들여야 하는 아이들까지…. 이곳 사람들은 포악한 육식동물들에 둘러싸인 초식동물처럼 아무런 희망도 없이, 그렇게 절망적인 삶을 살고 있었다.

순간, 수년 간 이곳에 머물며 이들과 함께 생활했던 한비야의 모습이 떠올랐다. 그가 이들과 함께 생활하며 느꼈던 것은 무엇이었을까? 그리고 그가 발견한 희망은 무엇이었을까? 갑자기, 그가 세상에 던졌던 말이 내 귓가에 맴돌았다.

'나는 내 가슴을 뛰게 하는, 내 피를 끓게 하는 일을 하고 있는가?'

▶ 민간 국제구호단체 월드비전 _ 월드비전(world vision)이 맺어준 인연

> *Our vision for every child, Life in all its fullness;*
> *Our prayer for every heart, The will to make it so.*

아프리카 여행을 마치고 한비야의 마법에 이끌려 무작정 월드비전 사이트에 접속했다. 비록 그분처럼 수년간 오지를 찾아다닐 수도 없고, 그분처럼 오지의 사람들과 함께 생활할 수는 없었지만, 이곳에 나의 작은 정성과 관심을 표현할 방법은 많았다.

월드비전은 한비야 같은 몇몇 선구자들에 의해 움직이는 전방위 구호단체는 아니었다. 월드비전의 숨은 힘은 세계 100여 개 나라에 퍼져 있는 일반인들의 폭넓은 관심과 지속적인 참여에 의해 만들어지는 것이었다. 월드비전이 모토로 내세우는 '세상의 희망은 이 땅에 살고 있는 아이들이고, 그들이 미래의 희망' 인 것처럼, 아이들이 행복하게 살 수 있는 세상이 미래의 희망이라면 난 기꺼이 세상의 희망 만들기'에 동참하고 싶었다. 한비야, 그가 바라본 세상의 희망도 그런 것이 아니었을까?

난 망설임 없이 월드비전의 '비전'에 동참했다. 그 중에 내가 선택한 방법은 기아아동 후원 부분. 놀랄만한 사실은 내가 매달 용돈을 아껴 후원하는 정도만으로도 영영 교육받을 기회조차 누리지 못할 한 아이가 지속적인 교육을 받을 수 있게 된다는 점이었다. 한비야가 아프리카 오지를 돌며 아이들을 만난 것처럼 나는 나의 정성과 관심을 저 멀리 아프리카의 오지 아이에게 보내고 싶었다. 하지만, 월드비전은 세계 각지의 도움이 필요한 아이들에게 균등한 기회를 준다는 원칙을 가지고 있었다. 아프리카는 한비야가 쓴 책이나, 수차례 보도된 방송으로 도움이 필요한 다른 나라들에 비해 구호의 손길이 많이 닿아있었고, 난 아프리카 대신 서아시아의 신비한 나라 네팔의 아이와 인연이 닿게 되었다. 한비야가 만났던, 내가 보았던 그 아이들을 만나고 싶은 것이 사실이었지만….

그러나 국가가 무슨 상관이랴! 도움의 손길이 필요한 곳에 나의 정성과 관심을 전할 수 있다면…. 그것만으로도 충분했다. 그렇게 나는 저 멀리 이국땅의 네팔 아이에게 작은 물질과 마음을 전하는 것으로 만남을 시작했고, 4년 동안 만남을 이어온 끝에 드디어 올 여름 네팔 아이의 삶 속으로 들어가게 된 것이었다.

월드비전(www.worldvision.or.kr)

월드비전은 전 세계 100여 개국이 참여해 수많은 아이들에게 희망을 전하는 순수 민간 국제구호단체이다. 놀랍게도 우리나라에서 시작되었다. 한국전쟁 중 미국인 목사와 한국인 목사가 전쟁고아들을 돌보던 애정에서부터 비롯된 것이었다. 이렇게 시작된 월드비전은 1950년대에 인도와 대만, 홍콩, 인도네시아, 베트남 등지에서 구호사업을 시작하여 1960~70년대에는 아시아 이외의 다른 대륙으로 확대되어 단순한 구호차원의 사업을 넘어 제3세계 지역주민들의 역량을 강화하고 자립할 수 있도록 돕는 지역개발사업으로까지 사업을 확장했다.

80년대에 들어와서는 세계 많은 지역에서 발생하는 심각한 굶주림의 문제, 어린이 착취 문제, 화해사업 등을 주도했고, 1990년대부터는 북한 동포를 돕는 긴급구호사업을 실시하였다. 현재도 전쟁, 기아, 낙후 등의 이유로 고통 받는 1억 명의 지구촌 사람들에게 구호사업을 진행하는 세계 최대 규모의 구호개발기구로 활동하고 있다.

▲ 미리 만난 이국땅 비라트너거르의 소녀

처음 네팔 행을 결심하고 여행 일정을 짜는 일이 순탄치만은 않았다. 국내 여행사에는 그 아이가 살고 있는 마을이 포함된 프로그램이 전무했기 때문이었다. 인터넷을 샅샅이 뒤져 어렵게 연락이 닿은 네팔전문여행사나 네팔 현지에서도 작은 시골 마을까지 포함된 여행 코스는 없었다. 난감한 상황이었다. 하지만 그냥 포기하고 관광지나 보고 오려고 여행을 결심한 것이 아니었다. 하는 수 없이 발품을 팔아 문제를 해결하기로 결심, 네팔 관련 서적들을 찾아보며 하나하나 여행 일정을 다시 세워본다.

유네스코가 지정한 세계의 문화 유산들이 산재한 수도 카트만두 지역도 둘러보고, 수많은 신들이 산다는 히말라야를 직접 오르는 포카라지역 트레킹 체험도 계획에 넣어본다. 히말라야의 광대한 능선이 한 눈에 보인다는 해발 2,100m의 너거르코트 전망대도 여행 일정에 포함시킨다. 세계 어디에서도 찾아볼 수 없는 천혜의 자연 유산과 문화유산이 즐비하다는 네팔. 어느 곳 하나 빠뜨릴 수 없는 비경들이라지만, 나의 머릿속은 온통 산티가 살고 있다는 비라트너거르라는 도시의 작은 농촌 마을이었다. 월드비전을 통해 4년 동안 나의 정성을 전한 네팔 소녀. 그 아이를 직접 만나는 것이 이번 여행의 진짜 목적인 탓에 첫 번째 일정이 소녀를 만나는 것임은 두말 할 나위가 없었다. 소녀의 삶 속으르 직접 들어간다는 생각을 하면 벌써부터 가슴이 뭉클해진다.

하나하나 배낭에 넣을 물건들을 정리하다 수첩 속 소녀의 사진을 꺼내 가만히 들여다본다.
'산티' 라는 이름을 가진 이국땅의 소녀는 지친 표정이지만 웃음만은 해맑다. 까맣고 작은 얼굴에 커다란 눈망울이 금방이라도 사진 속에서 튀어나올 듯하다.
'이 아이를 만나면 무슨 말을 해야 할까?'
'나는 이 아이에게 무엇을 전할 수 있을까?'
'나는 이 아이와의 만남에서 또 어떤 나를 발견할 것인가?'
이런 저런 생각을 하다, 아이에게 줄 선물상자를 열어 빠진 것이 없는지 다시 한 번 확인해 본다. 그리곤, 가슴을 활짝 열고 그 아이를 만나고 오리라는 다짐도 배낭 한 구석에 잘 정리해 넣는다. 내일이면 난 이 사진 속 소녀를 직접 만나기 위해 네팔 행 비행기에 오른다. 그 아이를 직접 만나는 느낌은 어떨런지….
첫 비행기를 타려면 새벽부터 잠을 설쳐야 할 텐데 밤이 깊어 가도 도통 잠이 오지 않는다. 아무래도 오늘밤은 까맣게 지새야 할 모양이다.

 네팔 비자

○ 네팔비자 발급/비자비/체류기간

네팔비자는 한국에서는 최근에 용산구 후암동에 있는 주한 네팔 대사관에서도 비자 발급을 시작했다. 비자비는 30,000원(우리가 갔을 때), 2박3일 정도 걸린다. 준비서류는 여권과 사진 1매, 비자 신청서. 네팔 '대사관 연락처는 02-3789-9770-1이다. 비자발급 신청서는 한국에서 받을 때와는 달리, 네팔 현지에서 받을 때는 더 복잡하고 양식도 다르다. 그러므로 신청서를 대사관 홈피에서 다운받아 사진을 부착하고 작성을 하여 출국 전에 미리 준비하는 좋다. (주)네팔투어 (www.nepaltour.co.kr 02-730-4845) 비자정보란에서도 다운받을 수 있다.

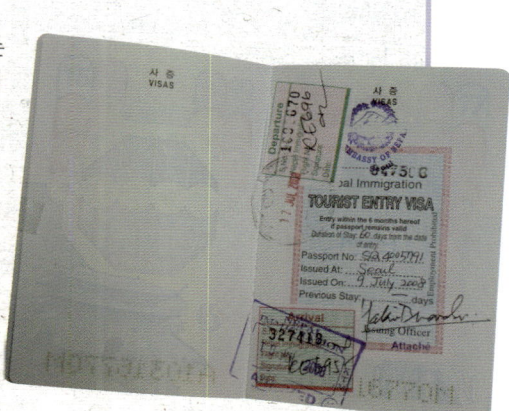

네팔에서는 카트만두의 트리뷰반 국제공항에서 도착 즉시 발급한다. 도착비자 신청시 기내 또는 공항 대합실에 비치되어 있는 비자신청서 1부, 사진 1장, 비자비 US$30, 여권을 창구 직원에게 제출하면 된다. 체류기간은 2개월, 비자 종료 1주일 전에 연장이 가능하다.

○ 비자비 인상

2008년 10월 17일부터 비자발급 비용 인상. 15일(35,000원), 1개월(55,000원), 3개월(140,000원). 복수비자이다.

○ 비자비 면제

- 중국 포함한 SAARC 7개 회원국(네팔, 인도(비자 면제), 방글라데시, 파키스탄, 몰디브, 부탄, 스리랑카) _SAARC(South Asian Association for Regional Cooperation, 남아시아지역협력연합)
- 한해(JAN-DEC)에 첫 입국시 15일 이상 체류한 사람의 재입국시
- 3일간의 무료 경유시
- 10살 미만의 어린이

*01 천국의 아이를 만나다

천국의 아이들은 어떤 표정을 할까?
천국의 아이들은 어떤 생각을 할까?
천국의 아이들은 어떤 말을 할까?

생각이 머무는 순간,
나는 이미 그 속으로 들어가고 있었다.

NEPAL TRAVEL

01 비라트너거르의 아이들

네팔 행 비행기에서 만난 사람들

휴가철을 맞은 인천공항은 여행객들로 분주하다. 여행의 기쁨 중의 하나가 출발 직전의 설렘이라더니, 상기된 표정의 사람들이 삼삼오오 모여 떠드는 소리에 공항 안은 들뜬 기운으로 가득하다. 이번 여행에 동행해 주신 아버지와 함께 탑승 수속을 마치고 네팔 행 게이트 앞에서 출발 시간을 기다리는데, 티셔츠를 정갈하게 맞춰 입은 한 무리의 학생들이 시야에 들어왔다. 'Habitat' 로고가 새겨진 티셔츠를 입은 이들 중엔 작년에 나와 함께 몽골에서 봉사활동을 했던 반 친구들도 몇 명 있었다. 그들은 또 작년 몽골 봉사활동에 이어 올해는 네팔로 봉사활동을 떠나는 참이었다. 코발트색 바다를 배경으로 한 고급스러운 휴양지로 떠나는 이들이 대부분일 거라 생각한 터라, 반가운 마음에 그들 틈에 끼어 이러저런 얘기를 나누었다.

네팔은 7월에서 9월까지가 우기라 여름철 휴가 여행으로 적당치 않은 곳인데, 이들은 단체 비행기 티켓을 구하는 데 적잖이 애를 먹었다고 했다. 이유인즉슨, 자기들처럼 단체로 봉사활동을 떠나는 이들 때문에 네팔 행 비행기 티켓이 일찌감치 매진되었다는 것이었다. 그러고 보니 이들 외에도 게이트 주변에는 단체로 보이는 무리들이 군데군데 모여 있었다. 수북하게 쌓인 박스 더미에 장구며 북 따위의 풍물 악기도 준비한 듯했다. 얼핏 보니 더러는 교회에서 나온 것 같았고, 더러는 대학교에서 봉사활동을 떠나는 것처럼 보였다.

카드만두 공항

네팔도착 카드만두 공항에서
해비타트 봉사를 떠나는 친구들과 함께...

그들이 정확히 무슨 목적으로 네팔 행 비행기를 타는지는 알 수 없었다. 그러나 이 여름 많은 사람들이 자신의 안락함을 위해서가 아니라 타인의 어려운 삶을 함께 하려 이국 행 비행기에 몸을 싣는다는 것만으로도 마음이 한결 가벼워지는 것 같았다.

나눔에는 고통이 따른다. 하지만, 그 나눔의 고통 속에 진정한 행복이 있음은 나눠본 자만이 알 수 있는 특권이다. 그것이 내 주변의 사랑하는 사람들이건, 저 멀리 이국땅 피부색도 언어도 다른 사람이건 말이다. 나눔의 기쁨을 아는 사람들. 그날 네팔로 향하는 비행기는 행복으로 충만한 이들로 만석을 이루고 있었던 것이다. 굉음을 내며 인천공항을 떠난 비행기는 어느덧 인도양을 건너 네팔의 수도 카트만두로 향하고 있었다.

네팔과의 시차/비행시간

네팔과 우리나라와의 시차는 3시간 15분이 늦고(우리나라 정오(12시)일 때 ─ 네팔은 오전 8:45), 인도보다는 15분이 빠르다. 네팔은 대한항공의 직항노선(비행시간 약 7시간 35분 소요)이 개설되어 있다. 매주 월, 목요일 오전 9시 45분, 주 2회 운행되는 노선으로, 돌아오는 것도 그 비행기를 이용한다. 타이항공은 방콕 경유(8시간 30분)시 이용가능하나 중간 경유지에서만 5시간 이상을 기다려야 하는 불편함이 있다(갈 때 10시간, 올 때 5시간). 우리가 갔을 때는 비수기(여름)여서 대한항공이 주1회 운항되고 있었는데, 성수기(가을, 겨울)에는 주2회(월, 목) 운항한다.

그 외 싱가폴항공 싱가폴 경유, 케세이퍼시픽 홍콩 경유, 네팔항공은 홍콩·방콕·상해를 경유하여 운항되고 있다.

(주)네팔투어(www.nepaltour.co.kr) 제공

▶ 황량한 도시, 비라트너거르

수도인 카투만두에 도착하자마자 숨 돌릴 틈도 없이 국내선 비행기로 갈아탔다. 첫날 머물 숙소를 비라트너거르에 예약을 한 탓이었고, 산티가 살고 있는 모랑의 농촌지역으로 이동하려면 비라트너거르에서 출발을 해야 했기 때문이다.

비라트너거르 공항전경

우리가 탄 네팔 국내선 비행기는 딱 마을버스만한 정도의 크기였다. 아무리 국내선 비행기라지만 장난감 같이 작고 낡았는데 정말 날 수나 있을까, 의구심을 품어보는데 금세 작은 차창 밖으로 낮은 건물들이 어지럽게 흩어진다. 고도가 높아질수록 깨알같이 멀어지는 도시 뒤로 켜켜이 쌓인 산과 그 산들 사이에 촘촘하게 박혀 있는 계단식 논들이 반복해서 재생되는 영상처럼 펼쳐진다. 아름답지만 약간은 지루한 풍경을 감상하며 그렇게 40분 쯤 날았을까. 비행기가 곡예비행을 하듯 몸체를 기울여 원을 그리더니 시골 버스정류장 같은 공항에 살포시 내려앉는다. 비라트너거르 공항은 공항이라는 말이 무색할 정도로 정말 황량했다. 활주로엔 대기 중인 비행기 두서너 대가 전부이고, 그 외에 전부 들판뿐이었다.

처음 가본 시골 버스정류장에 내려 눈앞에 보이는 것이라곤 버스가 남기고 간 먼지와 황량한 거리가 전부일 때 느끼는 이방인의 심정이 이런 것일까. 공항 앞에는 그 흔한 시내 안내판도, 우리를 숙소로 인도할 택시 한 대도 없었다. 막막한 심정인 나를 기다리는 것은 공항 옆 한켠에 어지럽게 모여 있는 릭샤들과 릭샤를 모는 검게 그을린 사내들뿐이었다.

TIP
비라트너거르

수도인 카트만두를 기준으로 동남쪽에 위치한 비라트너거르는 네팔 제2의 도시로 불린다. 터라이 평원을 중심으로 발달된 농업과 그 주변에 동서를 가로질러 펼쳐진 머헨드러 하이웨이가 네팔 경제와 교통의 요충지이며 네팔 경제의 중추적인 역할을 담당하고 있다. 플라스틱, 비누, 벽돌들을 생산하는 공장들도 모두 이 지역에 밀집해 있다. 세계 문화유산이 즐비한 카트만두나 북쪽지역의 관광지인 포카라에 비해 관광객들에게 널리 알려진 곳은 아니다.

▶ 5000원의 행복, 릭사

애초에 우리는 비라트너거르 공항에서 숙소까지 택시로 이동할 계획을 세웠는데, 보기 좋게 뒤통수를 맞은 꼴이 되고 말았다. 가는 날이 장날이라고, 공항 안내원의 설명에 따르면 마침 그날 택시 회사의 파업으로 택시가 운행하지 않는다는 것이었다. 숙소까지 이동할 버스나 그 밖의 다른 교통수단은 없었다. 지리를 몰라 걸어갈 수도 없는 노릇이니 숙소까지 이동할 방법은 금방이라도 부서질 듯 낡은 릭사가 전부인 셈이었다.

'저게 사람을 싣고도 부서지지 않고 달릴 수 있을까.'

걱정이 앞섰지만 딱히 다른 방법이 있는 것도 아니었고 색다른 경험을 할 수 있겠다는 생각으로 사내들에게 다가가 숙소의 이름을 대며 무작정 흥정을 시작한다.

TIP 릭사

인력거 형태의 삼륜 자전거로 네팔 터라이 지역의 중요 이동수단. 도심이나 공항 근처에서 많이 볼 수 있다. 사이클 릭사와 오토 릭사가 있다. 사이클 릭사는 자전거와 인력거를 혼합한 형태로, 주로 건장한 남자가 페달을 밟아 운행하는데 약간의 짐도 실을 수 있다. 베트남의 인력거 시클로와 비슷하고 파워 어시스트 대중 교통수단이라 할 수 있다. 오토 릭사는 오토바이와 차의 중간 형태로 개조된 3륜차인데, 기동성이 있어 좁은 도로에 적합하며 시내 관광에 이용된다.

이곳에 오기 전 네팔에서 물건을 사거나 택시나 릭샤 같은 교통수단을 이용할 때 무조건 흥정을 하라는 정보를 접했던 것이다. 나는 학교에서 배운 그대로 착실하게 실행에 옮기는 모범생처럼 말도 통하지 않는 그들과 손짓발짓 온갖 보디랭귀지를 총동원해가며 흥정에 열을 올렸다. 이곳 물정 잘 모르는 촌뜨기처럼 보여서는 안 되겠다는, 약간의 오기도 한 몫 거들었다. 흥정은 그쪽에서 1000원을 부르면 설레설레 손을 가로저으며 반으로 깎고, 다시 수정된 가격을 제시하면 다시 흥정하는 식이었는데, 몇 번의 설왕설래 끝에 현지 돈으로 400루피에 숙소까지 가기로 합의를 보게 되었다. 현지에서 최초의 거래가 성립된 셈이었다.

공항에서 숙소까지 릭샤를 타고 이동한 시간은 대략 30분 정도. 나중에 안 사실이지만 400루피라는 가격은 시세보다 훨씬 비싼 것이었다(택시를 하루 종일 대절하는데 2000루피 정도. 그날 우리를 태운 사내는 횡재를 한 셈이었는데, 그렇다고 해도 400루피는 우리나라 돈으로 환산하면 5000원 정도의 금액이었다. 금전적으로 넉넉한 여행자가 얼마나 있을까마는, 무더운 날씨에 땀을 비 오듯 흘리며 버는 노동의 대가가 5000원이라는 점을 생각하면, 흥정도 상황을 봐가면서 하는 게 옳지 않을까 하고 잠깐 생각을 해본다.

▸ 가난한 거리의 여유로운 사람들

비라트너거르의 도심은 명색이 네팔 제2의 도시라는데 마치 폭격 맞은 도시처럼 황폐하다. 온전히 본래의 모양을 보전하고 있는 건물이 드물 정도로 외관이 심하게 훼손됐거나 아예 가건물처럼 인위적인 사각형을 유지하고 있는 건물들이 대부분이었다. 흉물처럼 외관만 남은 벽면에 커다랗게 새겨진 코카콜라 간판이 시선을 끈다. 세계적인 인지도에서 십자가보다도 많이 알려져 있다는 코카콜라. 힌두국가의 회벽에 자본의 위용을 뽐내듯 아로새겨져 있는 풍경은 왠지 입 안이 씁쓸하다.

비구름으로 어둠이 반쯤 내린 낮은 하늘, 키 큰 전봇대 아래 좌판 주변에 웃통을 벗고 두런두런 모여 있는 사내들이 보인다. 밀가루 같은 것을 덕지덕지 바른 커다란 플라스틱 장기판

같이 생긴 판대기를 사이에 두고 왁자지껄 떠드는 모습이 이채롭다. 아마도 이곳의 전통놀이를 즐기는 모양이었다. 흡사 옛날 시골 장터에서 윷놀이를 하는 모습과 닮아 있었는데, 이곳 사람들은 가난해보이기는 해도, 한결같이 여유가 느껴졌다.

폐허 같은 도시에서 돈이 없이 살아도 행복한 이 가난한 천국을 어떻게 설명해야 할까. 이곳 사람들은 힘든 삶 속에서도 아우성치지 않고 어떻게 저리 온화한 미소를 지을 수 있는 것일까. 오랜 기간 종교에 의지하며 살아온 삶이 그들의 삶을 그렇게 만든 것인지, 아니면 체화된 가난에 자포자기한 것인지는 알 수 없었지만 마음씨 좋은 옆집 아저씨처럼 마냥 사람 좋은 웃음을 잃지 않는 모습은 오래도록 내 머릿 속을 떠나지 않았다.

TIP 골목길의 놀이문화 캬람보드

캬람보드는 납작한 돌을 튕겨서 상대방의 돌을 구멍에 빠뜨리는 경기. 네팔에서는 나이에 관계없이 널리 즐기는 것인데, 전통놀이는 아니고 대중적인 놀이다. 전통놀이로는 우리의 그네뛰기, 자치기와 흡사한 것도 있다고 한다. 이중 캬람보드는 네팔에서 즐겨하는 실내외 스포츠인데, 좁은 공간에서도 할 수 있어 매력적이다. 나무로 만든 사각형 판에 2사람이 양면 옆의 판에 있는 알을 네 면 귀퉁이에 있는 구멍 안으로 먼저 넣은 사람이 이기는 단순한 스포츠이다. 캬람보드에 19개 알이 있고 그 중에 하나는 '권'이라 부르는 알이다. 주로 검정색과 흰색이지만, 다른 색인 것도 있다.

◐ 경기방식

두 사람이 양면에서 자기 색 알에서 9개의 알을 선택한다. 자기 알을 네 귀퉁이에 있는 구멍에 순서대로 쳐서 넣는데 19개 알 중 하나는 '권'이다. 이것은 제일 마지막에 구멍에 놓고 자기 색으로 남아 있는 1개를 구멍에 넣어야 한다. 4명으로 앞에 두 명씩 같은 편을 맞어 순서대로 나온 기회에 정해진 알을 구멍 안으로 들어가게 하는 것이다. '권'라는 알을 구멍에 놓기 전에 자기 색의 마지막 알을 넣으면 벌칙으로 자기 색으로 된 5개 알을 다시 꺼내 경기를 계속해야 된다. 이럴 때 상대방이 이길 수 있는 확률이 높다.

(주)네팔투어(www.nepaltour.co.kr) 제공

▶ 네팔 아이들과의 첫 만남

낮부터 간간히 내린 비 때문에 잠깐 비가 그친 틈을 놓치지 않고 카메라를 들고 나선다. 조악하기 그지없는 가판 형태가 대부분인 상점들에선 각종 과일과, 식료품, 닭고기 같은 음식을 내다팔고 있었다. 복잡하고 시끄럽지만 우리의 저래시장처럼 역동적인 광경은 아니었다.

마치 슬로우비디오로 돌아가는 화면을 보는 것 같다고나 할까? 간혹, 젊은 남자들과 노천 카페(카페라기보다는 그냥 나무 선반에 엉성한 의자 몇 개를 갖다 놨다)에 앉아 커피를 마시는 청바지 차림의 세련된 여성들도 보인다. 가난도 이성에게 아름답게 보이고 싶어 하는 젊음의 욕망은 막을 수 없는 모양이었다.

한 걸음, 한 걸음 마을 안으로 발걸음을 옮기다 문득 이들 눈에 비친 나는 어떤 모습일까 생각해본다. 말끔한 옷차림에(이곳은 깨끗하게 빨아서 입은 옷만으로도 충분히 눈에 띈다) 커다란 카메라까지 든 나를 별세계에서 온 이방인을 대하듯 낯선 경계심을 드러내는 것은 아닐지, 남루한 자신들의 모습과는 다른 나에게 적대감을 보이는 것은 아닐지…
잠깐 의구심을 품어보다 한 무리의 아이들이 있는 곳을 향해 무조건 카메라 셔터를 눌러본다.

"와아!"

함성처럼 아이들이 반응한다. 정말 의외였다. 기꺼이 이방인의 사진 모델이 되어준 아이에게 LCD창을 보여주니 아이는 난생 처음 보는 물건에 새겨진 자신의 모습이 신기했는지 기쁜 표정을 감추지 않는다. 순간, 정말 순식간에 내 주변에 수십 명의 아이들이 모여들었다. 모두 자신들의 사진을 찍어달라는 것이었다. 개중에는 처음 보는 신기한 물건에 아들의 모습을 담아보려 아이의 손을 이끌고 온 엄마도 있었다. 내가 품은 잠깐의 의구심은 먼 나라에 살고 있는 이들을 나와는 다른 종류의 사람들로 생각했던 혼자만의 자격지심이었던 것이다. 난 한동안 아이들과 함께 웃고 즐기며 카메라 셔터를 눌러댔다.

카메라 메모리에 아이들의 함박진 웃음이 담긴 사진이 점점 많이 저장될수록 언어라는 벽도, 인종이라는 벽도, 국가라는 벽도 점점 허물어지고 있었다.

네팔 아이들과의 첫 만남은 카메라 LCD창을 보며 즐거워하는 아이들의 웃음만큼이나 행복하게 시작되었다.

> **TIP 간단한 네팔 인사말**
>
> 나마스떼 ▶ 안녕하세요.
> 람로 처 ▶ 좋습니다.
> 던녀바드 ▶ 감사합니다.
> 마프 거르누스 ▶ 미안합니다.
> 떠파이꼬 남 께호? ▶ 이름이 뭐에요?
> 메로남 산티호 ▶ 산티입니다.
> ★ 네팔은 소수부족이 많아 100여 부족이 넘고, 90여 개 이상의 부족어가 있다. 네팔어를 공용어로 하고, 상류층과 지식층은 영어를 같이 사용한다. 학교에서는 국립인 경우 영어수업을 따로 하지만, 사립은 국어수업 이외에는 모든 수업을 영어로 실시한다고 한다.

▶ 폴라로이드 사진 한 장으로 만난 빗속의 행복

예상치 못했던 네팔 아이들과의 만남에 약간은 격앙된 기분으로 숙소로 향했다. 내일 만나기로 약속된 산티와의 만남도 제발 오늘만큼만 행복하고 즐거운 만남이 되길 바라는 마음에 숙소로 향하는 발걸음이 자꾸 빨라졌다. 그런데 갑자기, 하늘에서 장대 같은 소나기가 쏟아지기 시작했다.

"이런! 또 비야."

쉴 새 없이 퍼부어대는 하늘을 원망하며 카메라를 옷으로 감싸고 숙소를 향해 뛰었다. 철퍼덕철퍼덕 진흙탕물이 티셔츠까지 튀어 옷을 더럽혔지만 옷이야 갈아입으면 그만인 것이고…, 단지 좀 전 아이들과 함께 있을 때 비가 오지 않았던 것을 다행으로 여기며 숙소 앞까지 한 걸음에 내달렸다.

간신히 비를 피할 수 있는 곳에 도착했다. 가쁜 숨을 몰아쉬며 카메라가 젖지는 않았는지 확인하다 무심코 고개를 들었다. 빗발은 점점 굵어져 비라트너거르를 삼킬 듯한 기세로 퍼부어댔다. 산티가 사는 곳은 비라트너거르에서도 한참을 들어가야 하는 농촌 마을이라는데…, 그곳으로 가는 길이 끊어지지나 않을까 걱정이 밀려든다.

그때, 저 멀리 굵은 빗줄기 너머로 흐릿하게 뛰노는 한 무리의 아이들이 보였다. 아이들은 굵은 빗줄기에도 아랑곳하지 않고 빗속 진흙탕 속에서 물장난을 하고 있었다. 아이들의 천진함은 굵은 빗줄기도 막을 수 없는 모양이었다. 난 배낭에서 폴라로이드 카메라를 꺼내들고 아이들이 있는 곳으로 달려가 기꺼이 빗속 물놀이에 합류했다. 아이들에게 디지털카메라의 화면이 아니라, 생생하게 찍힌 그들의 사진을 선물하고 싶어서였다.

빗속에 뛰노는 그들은 벌거벗은 아이, 웃옷만 입은 아이, 바지만 입은 아이, 각양각색이었지만 얼굴 가득 해맑은 웃음은 모두 한가지였다.

폭격 맞은 도시마냥 을씨년스러운 도시에 살고 있는 아이들. 일상처럼 가난을 달고 사는 아이들. 그 아이들이 살아온 환경은 분명 나와 달랐지만 비 오는 날 진흙탕 물놀이가 마냥 즐거운 동심은 내 어린 시절과 조금도 다를 바 없었다. 이건 비단 이곳 아이들과 나뿐만 아니라 세계 모든 아이들이 마찬가지일 테지만….

첨벙첨벙, 흙탕물을 온통 뒤집어 쓴 아이들은 흙빛으로 물들었다. 하지만, 폴라로이드 사진에 새겨진 그 아이들의 웃음은 그 무엇보다 찬란한 황금빛으로 빛나고 있었다. 비라트너거르의 첫날밤은 빗속 아이들의 웃음과 함께 저물고 있었다.

02 천국의 아이들을 만나다

▶ **네팔의 한비야, 어누**

호텔직원들과 그들이 적어준 주소

일찍 일어나 호텔 로비로 내려갔다. 식당에서 우유 한잔과 빵 한 조각을 입안에 넣으며 창밖을 살핀다. 월드비전에서 샨티와의 만남을 안내해 주기 위해 아침 일찍 우리를 픽업하기로 되어 있었다. 하지만 지난 밤 내내 내렸던 비 때문인지 좀 늦는다는 연락이 왔고, 호텔 식당에서 꽤 오랫동안 기다렸던 것 같다. 호텔 전체(우기여서)에 관광객이라고는 우리 일행뿐이었는데, 기다리는 동안 호텔 직원들의 집중적인 관심?과 시선?을 받고 있었다. 그러는동안 서로가 많은 것들에 대해서 묻기도 하고 대답하기도 했다. 그러다 내가 들고 있던 카메라를 보고, 조심스럽게 자신들의 사진을 찍어줄 수 있냐고 묻는다. 나는 "오케이"라고 흔쾌히 대답했다. 한 사람 한 사람의 즐거워하는 표정을 카메라에 담으며 그 화면을 그들에

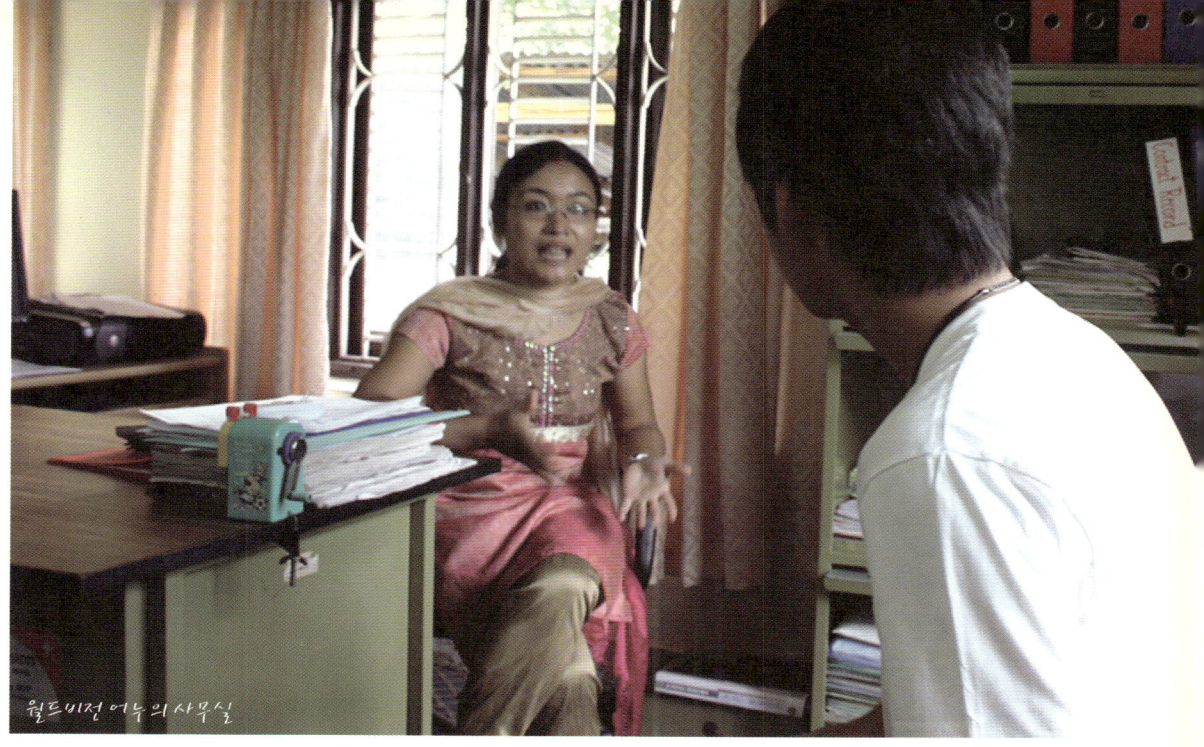
월드비전 어누의 사무실

게도 보여주었다. 카메라에 담긴 모습을 보며 정말 좋아라 하는 사람들. 한국에 돌아가면 이 사진들을 이들에게 보낼 수 있도록 그들의 주소도 잊지 않고 챙겨두었다. 순박하고 다정한 사람들…..

한참을 기다린 끝에 한 여인이 호텔의 문을 열고 들어섰다. 단아한 표정의 금속 안경테를 쓴 것이 한 눈에도 전형적인 지식인의 모습이었고, 네팔 전통 의상인 꾸르타(셔츠)와 수루왈(바지)을 곱게 차려입었는데 반갑게 인사를 건넨다. 우리의 안내를 맡은 월드비전에서 나온 어누였다. 내가 알기로는 네팔의 교육여건은 전반적으로 열악하고 특히 여성들이 고등교육을 받는 경우는 상당히 드물다는 것이었다. 가장 큰 원인은 경제적인 빈곤이었고, 더구나 여성을 노동력으로 평가하는 전근대적인 인식 탓이기도 했다.

단연 돋보였던 어누의 이력 또한 특이했다. 이곳에선 보기 드문 지적이고 단아한 모습도 그랬지만, 네팔이 아니라 인도 사람이라는 것도 그랬다. 특히, 네팔과 인도의 정서적, 혹은 정치적인 관계가 우리나라와 일본의 그것과 비슷하기 때문에 더욱 놀라운 일이 아닐 수 없었다. 네팔인이 아닌 인도인이 네팔 월드비전에서 일을 하고 있다니…. 의아해하는 나의 표정을 읽었는지 그녀가 먼저 해명한다.

사정은 이랬다. 그녀가 네팔의 월드비전으로 오기 전에는 다른 나라의 봉사단체에서 활동을 했었다. 그때 남편을 만나 결혼했고 함께 이곳 월드비전에서 일하게 되었단다. 그녀의 말로는 이 지역에는 구호의 손길이 필요한 아동이 어림잡아 최소 2만에서 3만 정도, 이 도시만 해도 3천 명이 넘을 것이라고. 이런 상황에서 자신이 어느 나라 사람이라는 것은 별로 중요하지 않다고 힘주어 말을 잇는다. 그리고 한 마디를 덧붙인다.

"당신도 네팔과는 상관없는 한국 사람이잖아요?"

구호 아동을 만나기 위해 이곳 비라트너거르를 찾은 한국 사람으로 내가 처음은 아니라고 했다. 이전에도 한국 사람이 나와 같은 목적으로 이곳을 방문했었는데, 그 사람은 영어를 하지 못해서 이곳 사정을 전할 수가 없어 너무나 아쉬웠었다고…. 어느는 그때의 아쉬움 때문인지, 쉴 새 없이 얘기를 이어갔다. 이곳 아이들의 삶이 얼마나 힘든지, 아직도 월드비전에 얼마나 많은 구호의 손길이 필요한지, 그리고 세계 각지에서 모인 구호의 손길이 이곳 아이들의 삶에 얼마나 큰 힘이 되고 있는지….

나는 한 마디 한 마디에 힘을 주어 강조하는 그녀의 말을 묵묵히 들으며 곧 만나게 될 산티를 생각했다. 정말 내가 보냈던 작은 관심이 그 소녀의 삶에 도움이 되었을까? 나의 작은 관심과 정성으로 하루하루 희망의 불씨를 키워가고 있는 아이를 직접 만난다는 생각에 점점 호흡이 빨라진다. 지갑 속에 있는 소녀의 사진을 꺼내 시선을 맞춰본다. 까맣고 작은 얼굴에 유난히 눈이 큰 아이. 사진 속 아이는 살아 움직이듯 나를 향해 손짓을 한다.

▸ 힌두 국가에서 울려 퍼지는 찬송가

호텔에서 차로 비라트너거르의 도심에 자리한 월드비전 사무실로 이동했다. 어누의 안내로 2층에 있는 회의실인 듯한 공간으로 들어서자 몇 명의 월드비전 사람들이 우리를 따라 들어온다. 그들은 사뭇 경건한 표정으로 자리에 앉아 준비되어 있던 책자를 펼쳤다. 그것은 우리에게도 전달되었는데, 책자는 다름 아닌 성경과 찬송가였다. 월드비전이 개신교 목사들에 의해 만들어진 것은 익히 알고 있었지만 이곳까지 와서 성경과 찬송가를 보게 될 줄은 예상하지 못한 일이었다.

모랑지역 월드비전 사무실

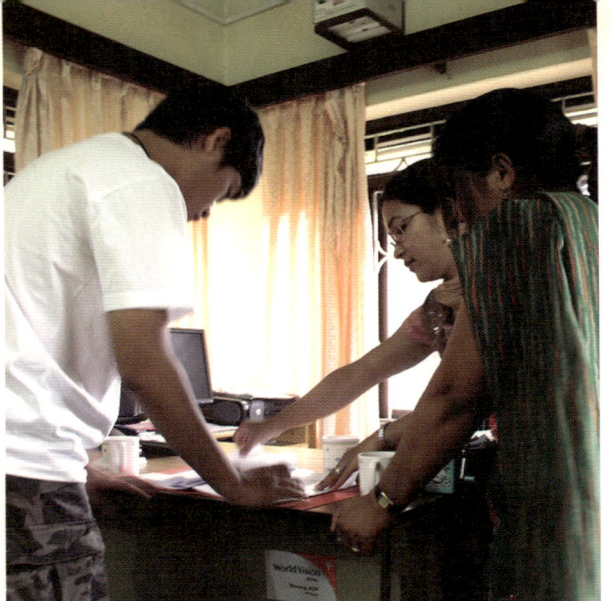

그리고 잠시 후 찬송가가 울려 퍼진다. 언어가 다르고 그 뜻도 알아들을 수 없었지만 머나먼 이국땅, 그것도 힌두 국가 한 복판에서 울려 퍼지는 찬송가는 내 마음 속 깊숙한 무엇을 자극하며 나를 전율하게 한다. 이 땅의 가장 낮은 곳으로 내려 와 온몸으로 사랑을 실천했던 예수님. 그가 십자가에 못 박히며 우리에게 가르쳐준 사랑의 위대함은 국가와 언어, 종교 그 모든 것을 뛰어 넘는 것이었다. 월드비전이 국가와 언어, 종교를 초월해 구호의 손길을 펼치는 그 원동력은 모두 사랑의 힘 때문이라는 것은 두 말할 나위 없는 사실이었다.

TIP
네팔의 종교 분포

네팔은 100여 소수민족으로 이루어지고 100여 개의 언어를 사용하며, 총인구는 2800만 명이다. 네팔은 다양한 자연환경과 더불어 다양한 문화환경을 지닌 나라답게 다양한 종교가 모두 완벽하게 조화를 이루며 공존하는 곳이기도 하다. 네팔 전체 인구의 80%가 힌두교이고, 15%가 불교, 3%가 무슬림, 기타 종교가 2%라고 하는데, 기타 2% 중에 1%가 기독교라고 한다. 2006년에는 종교자유국으로 지정되기도 하였다.다.

(주)네팔투어(www.nepaltour.co.kr) 제공

▶ 온통 경적으로 뒤덮인 거리

예배 후 산티가 살고 있는 농촌 마을로 가기 위해 간단한 브리핑을 들은 후 월드비전에서 준비한 차량에 올랐다. 열린 차창 밖으로 혼잡한 거리들이 빠르게 스쳐갔다. 잘 그린 풍경화처럼 아름답지는 않지만, 그들의 삶이 날것 그대로 드러난, 흑백 다큐멘터리 필름 같은 이국땅의 정취를 느껴보려 여기저기 시선을 던져본다. 그때, 나의 시선을 방해한 건 놀랍게도 시끄러운 소리였다. 비포장도로가 대부분인 비라트너거르의 도로는 쉴 새 없이 울려대는 경적소리에 완전히

은행을 들어가기위해(?) 긴 줄을 서고 있는 사람들

점령당해 있었다. 몇 대의 택시, 몇 대의 오토바이, 몇 대의 버스, 몇 몇의 릭샤가 비포장도로 위에 뒤엉켜 경쟁하듯 경적을 울려대고 있었다. 도로 위에서 소리를 내지 않는 건 릭샤만큼이나 많은 수의 소들뿐이었다. 무슨 사고가 난 것이 아닌지 둘러봐도 별다른 장면은 포착되지 않았다. 어누에게 물어보니, 신호체계가 발달하지 않은 이곳 네팔에서 경적은 방어운전의 방법이 아니

라 내가 가고 있다는 일종의 신호로 쓰인다고 했다. 아무튼 고막을 찢을 듯 빵빵거리는 소리에 익숙해지려면 상당한 인내와 시간이 필요할 듯했다. 그러는 사이 차량은 도심을 벗어나 한적한 시골마을로 들어가고 있었다.

> **TIP** **네팔의 택시**
>
> 네팔의 택시는 하루 종일 대절이 가능하고, 어느 정도 승차 정원보다 많이 탈 수도 있다. 그러나 대부분 미터제로 운행되지만 흥정을 해야 한다. 그리고 낮에도 미터기가 작동하는지 미리 확인해 두는 것이 좋다. 카트만두 트리뷰반 공항에서 왕궁 근처까지는 흥정하기 나름이지만, 500–600루피 정도다.(나중에 비용을 지불하면서 안 일이지만, 우리를 픽업해 주었던 월드비전 차량도 대절한 영업용 승합차였다. 방문객이 비용을 지불하는 것이어서 우리가 4000루피를 지불했다.)

▶ 오래된 풍경화 속에 사는 천사들

비라트너거르를 떠난 차는 바람에 출렁이는 강물처럼 논 가득 흔들리는 벼들 사이를 누비며 마을 안으로 들어간다. 허리 숙여 농사일에 한창인 농부들이 풍경처럼 스쳐지나간다. 농사짓는 어른들 옆에서 흙장난을 하며 놀던 아이들이 손을 흔들며 인사한다. 반가운 마음에 그냥 큰소리로 "안녕"하고 소리쳐본다. 내 인사소리를 알아들었는지 아이들도 서로 마주 보며 하얀 이를 드러내고 웃는다.

아이들의 웃음을 뒤로 하고 울퉁불퉁한 논 사이 비포장 길을 힘겹게 달리던 차가 덜컥하고 멈춰 선다. 차바퀴가 전날 내린 비로 심하게 파인 진흙탕 사이에 낀 탓이었다. 모두 내려 자

동차 구출을 위해 애써보지만 바퀴는 '휘잉~ 휘잉~' 소리를 내며 헛바퀴만 돌 뿐이다. 사방이 논으로 둘러싸인 조용한 시골 논둑길에 빠진 자동차 한 대가 덩그러니 놓이게 된 것이다. 넓은 논길 한 가운데 멈춰 서 있는 자동차 한 대. 당혹스러운 상황이지만, 아주 멀리서 이 장면을 본다면 꽤 괜찮은 그림이지 않을까 생각을 한다.

천신만고 끝에 다시 달리기 시작한 차를 타고 얼다쯤 이동했을까, 빛바랜 정물처럼 오래된 마을이 나타난다. 산티가 살고 있는 마을이었다. 산티가 살고 있는 마을은 비라트너거르 도심에서 자동차로 한 시간 정도 떨어진 곳에 위치한 작은 농촌마을이었다. 초입에서 다시 굽이굽이 언덕을 달려 마을 끝자락까지 이르자 작은 호수 옆, 낡은 창고 같은 건물이 모습을 드러낸다. 산티가 다니는 학교였다. 호수 옆 풀숲에는 늙은 소 한 마리가 느릿느릿 풀을 뜯고 있었고, 몇몇 청년들이 낯선 차량에 대한 호기심인지 삼삼오오 모여들었다. 학교라기보다는 한적한 전원의 마을회관에 온 것 같았다. 우리는 차에서 내려 학교 앞 마당으로 들어섰다. 주위를 둘러보며 산티를 찾았다.

장티자 사는 마을의 학교생겅

교장선생님

'방학이라고 들었는데 산티는 지금 어디에 있으려나!'
그런데 갑자기 창고처럼 보이는 낡은 건물 안에서 수십 명의 아이들이 뛰어나왔다. 덩달아 아이들의 생기 넘치는 기운이 봇물처럼 뿜어져 나왔다. 우리의 방문 소식을 들은 아이들이 방학이었지만, 학교에 모여 우리의 방문을 기다리고 있었던 것이다. 곧바로, 아이들의 웃음소리가 축제의 흥을 돋우는 음악처럼 학교 안 가득 퍼져나갔다.

빛바랜 정물처럼 오래된 마을에 있는 작은 시골 학교
거기에는 천사들이 살고 있다.

헐벗은 아이들
가난이 일상인 아이들
삶의 무게를 스스로 짊어진 아이들.

하지만, 난 분명하게 보았다.
순박한 얼굴에 가득한 맑은 눈동자
한없이 투명한 이들의 영혼을.

그리고, 난 분명하게 보았다.
그들의 천진한 웃음에서
세상의 희망은 무엇인지
산다는 것이 얼마나 위대한 것인지.

그리고, 난 분명하게 깨달았다.
세상 그 무엇도 이 아이들의 꿈과 맞바꿀 수 없다는 것을
이 아이들의 꿈은 우리가 함께 만들어나가야 한다는 것을.

종교도, 인종도, 언어도, 그 무엇도…

아이들의 미래를,
아이들의 희망을 막을 수 없다는 것을,

사람만이 희망인 것을
아이들만이 이 땅의 미래인 것을!

내가, 또 우리가 이 땅의 미래를 만들어나가야 한다는 것을!

가난으로 희망을 옥죄일 수 없다. 사람의 운명도 쉽게 결정될 수 없다. 맑은 빛깔의 영혼은 수만의 스펙트럼으로 세상에 퍼지고, 세상은 그것으로 빛을 발한다.

아이들과 함께 한 짧은 시간. 나의 작은 손길에 한없이 기뻐하는 아이들을 보며 멍한 가슴으로 조용히 눈을 감는다. 내가 이들에게 해줄 수 있는 건 무엇인지, 내가 진짜 이 아이들을 만나 한 것은 무엇인지, 가슴이 점점 뜨거워진다.

그렇게 맑은 영혼이 그 작은 학교에 모여 있던 것이다. 학교인지 아닌지 의심할 만큼 작은 건물이었지만, 그 속에서는 수많은 아이들이 있었고 산티를 찾는 데에도 꽤나 고생을 했다. 아이들의 신기한 시선을 의식하고 있을 무렵, 누군가 한 건물 안에서 나에게 오라고 손짓을

했다. 아이들을 가르며 힘겹게 들어간 건물 안, 거기엔 두 명의 꼬마 아이와 고우신 아줌마, 정정하신 할머니 한 분이 앉아 계셨다.

두 명의 꼬마 중 한 명은 바로 그날의 주인공 산티였다. 자그마한 키에 낯설어하는 눈빛, 수줍은 듯 쭈뼛쭈뼛한 몸짓으로 이방인인 나를 반겼다. 그 옆에 아이는 산티의 오빠. 월드 비전을 통해 오빠가 있는 줄은 알고 있었는데, 사진 한 장도 본 적이 없어, 누군가 오빠라고 소개해준 뒤에야 오빠인 줄 알았다. 그 옆에는 두 남매의 엄마와 할머니가 앉아 계셨다.

산티가족과 함께

건물 안은(사실 건물이라고 하기에도 너무나 작고 허름했다) 제법 교실의 모양새를 하고 있었다. 오래된 칠판과 낡아빠진 책걸상. 천장 여기저기 있는 거미줄과 온 벽을 살짝 덮은 먼지들. 마치 타임머신을 타고 옛날 흑백 필름의 자료화면 속으로 들어간 기분이었다. 유리창을 대신해 녹슨 쇠창살이 창문을 이루었고, 아이들의 발에선 신발을 찾기가 어려웠다. 두꺼운 내 운동화가 부끄러운 순간이었다.

나와 산티의 왠지 모를 어색함. 하지만 그 어색함 속에서 우리는 마음으로 인사하고 있었다. 서로 부끄러워 눈도 제대로 못 마주쳤지만, 순간순간 눈이 마주칠 때마다 우린 서로에게 미소를 보냈다. 우리의 어색함을 눈치챘는지, 누군가 산티와 나 사이의 서먹함에 징검다리 역할을 해주었다. 난 어누를 통해 여러 가지를 물어봤다. 학교는 잘 다니는지, 제일 좋아하는 과목이 뭔지, 제일 좋아하는 취미가 뭔지, 선물은 마음에 드는지. 사실 산티에 대한 웬만한 정보는 앞서 보여줬던 카드에 다 나와 있었다. 올해로 열 살이고, 건강하게 학교에 다니고 있으며, 네팔어 과목을 가장 좋아하고, 그림 그리기를 좋아하는 아이인 산티. 이렇게 기본적인 것들은 다 알고 있었지만, 우리의 서먹서먹함을 없애기에는 역시 식상하다고 생각하는 질문들이 최고였다. 산티도, 어느도, 모두 쓸데없는 질문이라는 걸 알았을 테지만, 그 짧은 질문을 통해 우린 우리들의 낯선 마음을 조금이나마 없앨 수 있었다.

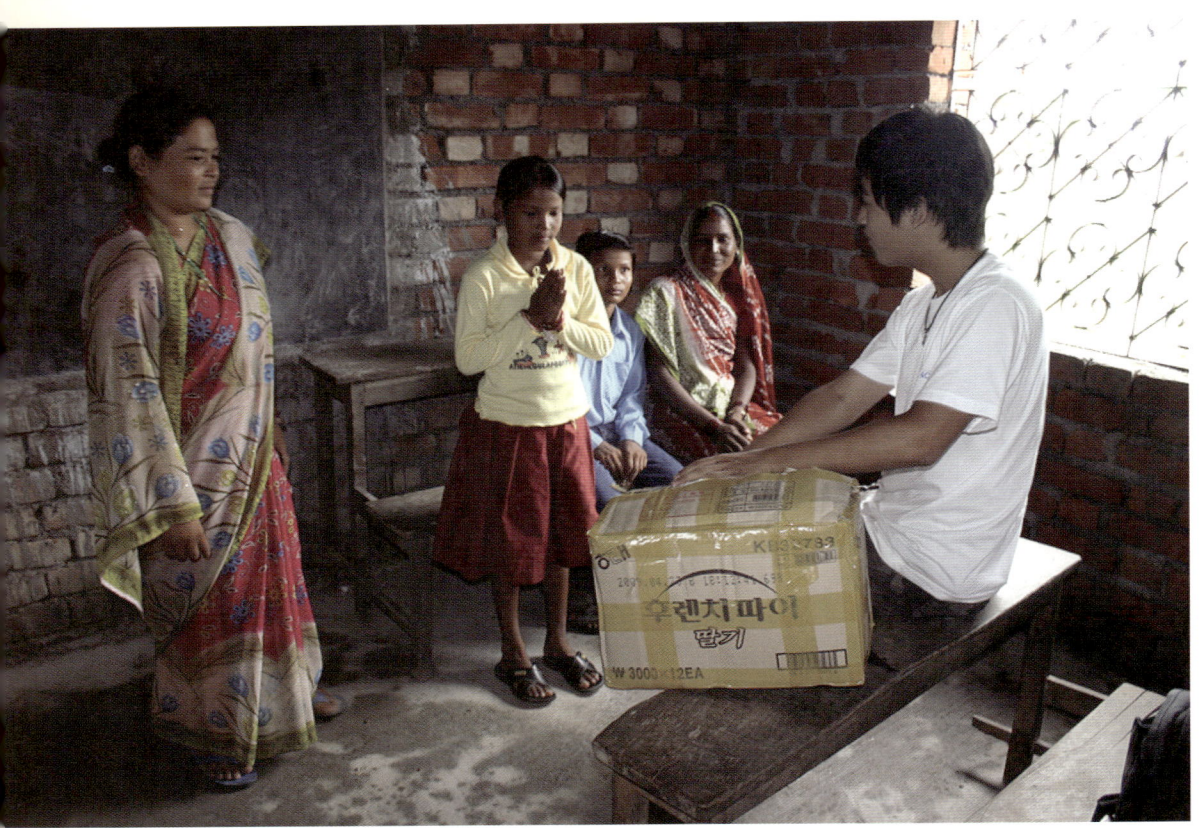

　난 최대한으로 이 분위기를 없애보려고 직접 선물을 뜯어 보였다. 상자에 한 아름 담겨 있던 가방과 필통, 색연필과 연필세트, 또 여러 종류의 사탕들을 끄집어냈다. 난 그 중에서도 사탕 한 봉지를 뜯어 산티와 그녀의 오빠에게 주었다. 받으면서도 인사를 하는 둥 마는 둥. 우리들의 어색함은 계속되었다. 하나 먹으라고 권하자 그제서야 하나를 입에 쏙 넣고, 오물오물 사탕을 먹는 동안에도 산티는 말이 없었다. 하지만, 사탕의 위력이었을까, 사탕이 입 안에서 녹으면서 산티의 낯설어하던 얼굴도 조금씩 펴기 시작했다.

　'아, 드디어 좀 어색한 게 사라졌구나!' 하는 순간, 난 언제부터인지 교실 안을 가득 메운 아이들을 봤다. 딱 보아하니, 내가 산티에게 준 사탕에 눈독 들이는 눈치. '아휴, 이럴 줄 알았으면 사탕만이라도 좀 더 챙겨올걸.' 난 너무 후회했다. 한국에서 산티를 만나러 간다고 했을 때, 난 산티네 집으로만 간다고 생각을 했었다. 그리그 동네가 이렇게 작을 줄도 미처 생각하지 못했다. 그때 난 내가 얼마나 넉넉한 환경 속에서 살고 있는지, 그러한 환경이 내 생각을 얼마나 짧게 만드는 지를 느꼈다.

　난 산티에게 아이들에게 남은 사탕을 나누어줘도 되겠냐고 물어봤고, 산티는 흔쾌히 승낙했다. 말 끝나기가 무섭게 봉지 안의 사탕은 금새 동이 나고 말았다. '미안해. 담 번엔 사탕 좀 많이 가져와야겠다……'

사탕을 '뺏기고' 우리는 다시 정적 모드로 들어갔다. 그 동안 우리 아버지는 가지고 온 폴라로이드 카메라로 아이들을 찍어주면서 온 아이들의 관심을 한 몸에 받고 있었다. 산티도 그러한 우리 아버지의 모습을 힐끗힐끗 보고 있었다. 바로 눈치를 챈 나는 아버지에게 산티 사진을 부탁했고 아버지는 사진을 찍어주셨다. 산티의 독사진, 오빠와 함께 찍은 사진, 할머니 엄마도 함께 들어간 사진, 나와 함께 찍은 사진, 학교 친구들과 시끌벅적 찍은 사진까지. 아버지는 쉴 새 없이 셔터를 눌렀다. 산티는 카메라 렌즈를 앞에 두고 어색하지만 순수한 미소를 지었다. 작은 건물이 카메라 플래시로 번쩍였고, 그럴수록 사람들은 몰려왔다. 결국 우리는 밖에서 사진을 찍기로 했다. 아이들은 내가 가는 길을 그대로 따라왔고 모두들 산티를 부러워하는 눈빛이었다. '내가 조금만 더 능력이 된다면 여기 있는 아이들을 다 후원했을 텐데······.' 아쉬움과 미안함을 감추고 난 카메라 앞에서 미소를 지었다. 이 많은 아

이들 중 적어도 한 명에겐 작은 도움을 줄 수 있다는 점에 감사하면서도, 더 많은 아이들을 돕지 못해 미안한 마음이 들었다. 그러던 중 가지고 온 폴라로이드 카메라의 필름이(꽤 많이 준비했건만…) 떨어졌고, 나는 다시 디지털카메라로 아이들을 찍어주며 꼭 보내주겠다고 약속을 했다… (사실 여행을 마친 후 돌아와서 내가 제일 먼저 한 것이 디지털 카메라속의 아이들 사진을 아이들 숫자만큼 다 인화해서 브내준 것이다. 월드비전을 통해서 사진을 보내주었는데 담당자분도 놀라며 고마워했다…..그들 모두 전달을 잘 받았을려나….)

천국의 아이들과 아쉬운 이별 인사를 하던 중, 난 그 마을에 사는 두 명의 청년들에게서 내 생애 최고의 기념 선물을 받았다. 그것은 자그마한 편지 한 장!
그들은 내가 아이들과 노느라 정신이 없을 무렵, 그 두 청년이 책상에 쪼그려 앉아 한 자 한 자 정성스럽게 편지를 써주었던 것이다. 그 편지를 받아든 순간 내 가슴속 감동은 절정이었다. 한 글자 한 글자 읽을 때마다 그들의 마음을 읽을 수 있었고, 한 줄 한 줄 내려갈 때마다 내 가슴은 뭉클해졌다. 비록 철자가 조금 틀리고 문법도 완벽하진 않았다 해도 그들이 나에게 준 편지는 세상 어느 글보다 아름답고 감동적이었다. 나는 그들에게 "Thank You."를 계속 외치고 있었다. 네팔 한 외진 가난한 마을이었지만 그곳은 순수와 행복함으로 가득한 천국이었다. 아이들의 모습은 카메라에, 청년들의 편지는 가방 속에, 그들과 지낸 짧지만 행복한 기억들은 가슴속에 담으며 그곳을 떠나왔다.

we all happy to nice meet you. please you will come again to next time. you are well come to our small village Bhaudaha 8 morang. Koshi. nepal.
                    Thanks.

Sardar Surendra Kumar
Sardar Bhoop Narayan K

당신을 만나 우리는 너무 기쁩니다.
꼭 다음 번에도 오길 바라고…
우리 작은 마을에서 당신은 언제나 환영입니다.
감사합니다.

-사르다르 수렌드라 쿠아르
-사르다르 브흠 나라양크

내용은 단순하고 문법도 많이 틀려 있지만, 이 두 사람의 편지는 세상 어느 글보다 나에게는 아름답고 감동적이었다.

🟢 천국의 아이들이 준 선물

어누와 함께 비라트너거르의 식당을 찾았다. 어누는 현지 음식을 대접하겠다며 이것저것 취향을 물어보지만 그녀의 목소리는 멍하니 귓가를 맴돌다 사라질 뿐이다. 작은 농촌 마을 학교에 남기고 온 아이들이 잔영처럼 망막에 아른거려 아직은 배고픔이 느껴지지도 않고 입맛이 쓰다.

삶의 시작점에서 그 무거운 삶의 무게를 스스로 감당해야 하는 아이들, 아무런 희망도 없이 그저 생존 자체가 목표인 삶을 살아가는 아이들, 절망보다 무거운 영혼을 혼자의 힘으로 힘겹게 지탱하는 아이들.

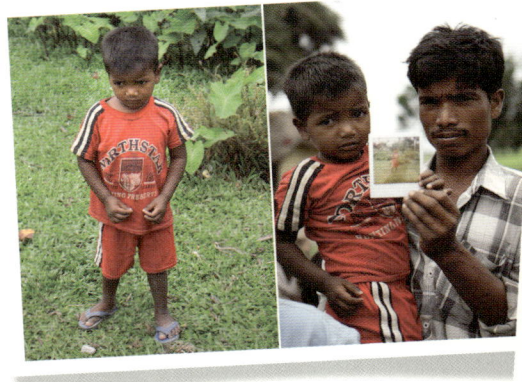

내가 보내는 작은 정성에 한 아이가 희망을 가지고 살아가고 있다는 것을 두 눈으로 확인한 기쁨은 소중한 경험이었지만, 그것이 단지 한 아이에게 머물 수밖에 없다는 사실은 나를 힘들게 했다.

'내가 이들을 위해 할 수 있는 일은 무엇일까!'
나의 일회적인 방문에 난생 처음 산타클로스를 만난 것처럼 기뻐하는 아이들을 보며, 내가 준비한 보잘 것 없는 선물에도 뛸 듯이 기뻐하는 아이들은 보며, 스스로에게 질문을 던져보다. 어처구니없게도 아프리카 오지의 아이들과 함께 있는 한비야를 떠올리고 말았다.
그리고 모든 걸 포기하고 바람처럼 그들 곁에 남게 된 이유가 무엇이었는지 어렴풋이 깨닫게 되었다. 그녀가 발견한 세상의 희망은 바로 아이들이었으며, 아이들이 세상의 희망이 되었을 때 비로소 세상은 완전한 소통을 이룰 수 있다는 것을 온몸을 던져 얘기해준 것이었다.
나는 비록 지금 그들과 함께할 수 없는 처지이다. 또, 내가 지금 그들에게 해줄 수 있는 것도 아주 작다. 하지만, 내가 매달 용돈을 절약해 모은 단 돈 2만 원으로도 희망을 이어나가는 아이들을 보면서 아이러니하게도 내 삶을 되돌아보게 되었다. 나에게 2만 원은 어떤 의미였을까? 비단 돈의 액수 문제만이 아니라 내 삶의 부분들을 얼마나 가치 있게 여기며 살아가고 있는지를 돌이켜보면 부끄러움만 더할 뿐이다.

하지만 이 아이들과의 짧지만 심장이 터질 듯한 가슴 벅찬 만남을 통해 내가 앞으로 나아가야 할 길이 무엇인지는 명확히 알 수 있었다. 난 이제 고등학교 2학년일 뿐이고 앞으로 세상의 희망을 위해 내가 할 일은 무수히 많다는 것을 천국의 아이들이 내게 가슴깊이 새겨주었다. 그것은 무엇과도 바꿀 수 없는 소중한 선물이었다.

*02 네팔의 또 다른 이름, 카트만두

좁고 혼잡한 차도엔 신호등도 아랑곳하지 않고 경적을 울려대는 차들로 북새통을 이룬다.
느리게 걷는 사람들과 아무렇게나 누워 낮잠을 자는 개들도 이 도시의 일부이다.
수천수만의 역사와 종료가 살아있는 곳,
과거와 현재가 공존하는 곳,
빛과 그림자가 교차하는 곳,

카트만두
뼈가 드러나듯 마른 소들이 큰 눈 껌벅이며 도심을 바라보고 있었다.

NEPAL TRAVEL

01 네팔의 또 다른 이름 카트만두

▶ 여행자를 유혹하는 갈색 도시

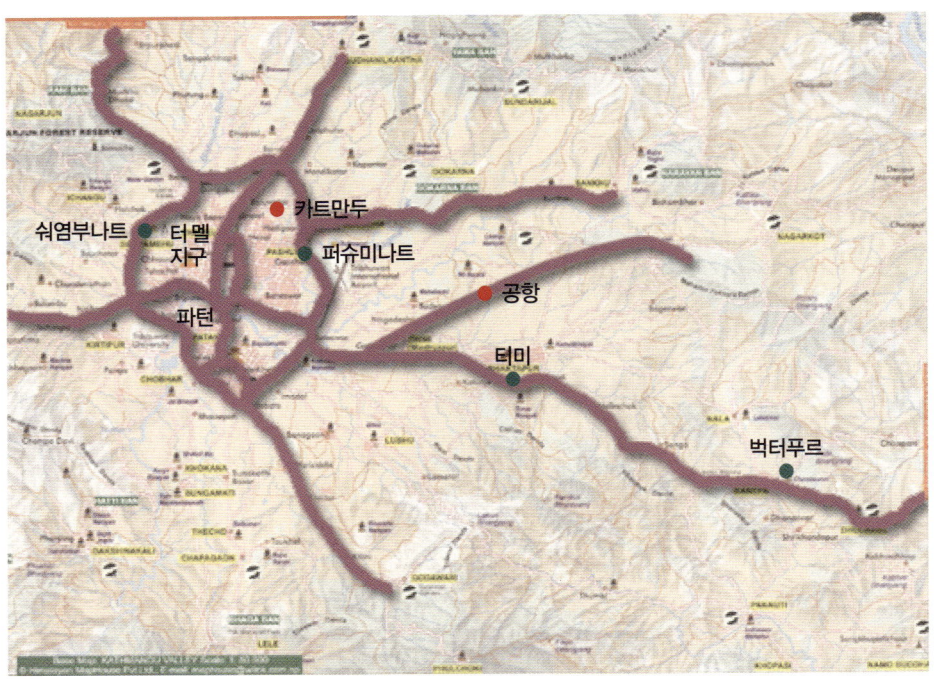

비라트너거르를 출발한 비행기가 카트만두 상공에서 포물선을 그리며 고도를 낮추기 시작한다. 낮게 깔린 구름 밑으로 성냥갑만한 집들이 빽빽하게 모습을 드러낸다. 신기하게도 집들은 하나같이 갈색이다. 믿기 힘들 정도로 비슷한 집 색깔을 보니 문득 떠오르는 영상이 하나 있다.

작년 여름 방문했던 몽골의 농촌 마을. 끝없이 펼쳐진 평야를 배경으로 조용하게 흔들리는 나무들과 간지러운 바람 사이에 조용히 박혀있는 무채색의 집들은 사방을 평화로운 기운으로 넘쳐나게 했다. 카트만두 시내에는 몽골처럼 길게 펼쳐진 평야도 없고 그 풍광도 몽골의 농촌 마을과는 사뭇 달랐지만, 묘하게도 그 평화로운 기운만은 닮아있다. 사람의 인위적인 손길이 닿지 않은 자연스러움이랄까! 카트만두 시내 전체에 걸쳐 따박따박 붙어있는 갈

색 건물들은 잘 그려진 안정된 구도의 밑그림처럼 이방인에게 편안하고 조화로운 미소를 던진다.

네팔의 수도인 카트만두는 해발 1,281m에 위치한 분지 지역이다. 1년 내내 온화하고 따뜻한 기후를 자랑하는 이곳은 네팔을 찾는 외국인들이라면 대부분 맨 처음 들리게 되는 곳이기도 하다. 네팔의 교통과 정치, 문화, 경제, 행정의 중심지이며 인류의 오랜 역사가 고스란히 살아있는 곳, 카트만두. 빛과 그림자, 과거와 현재가 공존하며 화려하지는 않지만 따뜻한 갈색빛으로 여행자를 유혹하는 도시, 카트만두. 이 수채화 같은 갈색도시를 여행하는 느낌은 어떨까를 생각하는 사이 비행기는 카트만두 공항 활주로에 날렵하게 내려앉고 있었다.

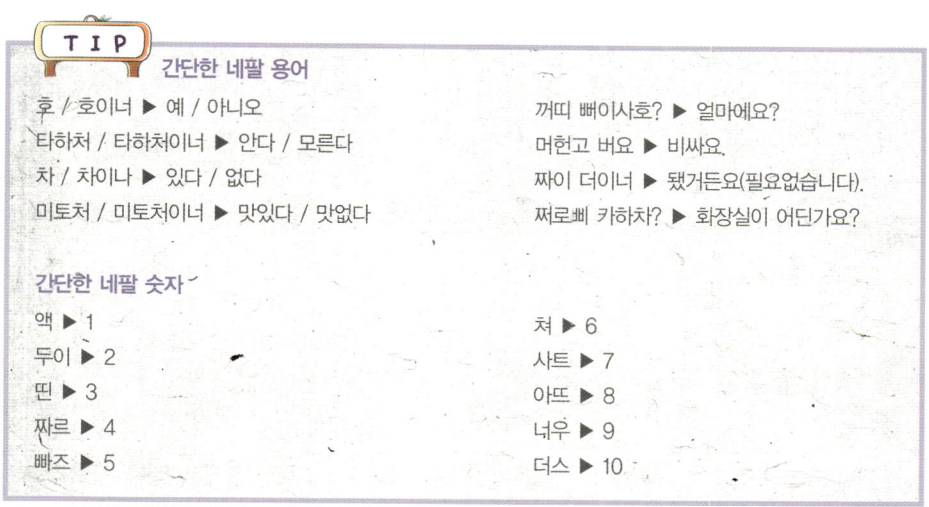

TIP

간단한 네팔 용어

후 / 호이너 ▶ 예 / 아니오
타하처 / 타하처이너 ▶ 안다 / 모른다
차 / 차이나 ▶ 있다 / 없다
미토처 / 미토처이너 ▶ 맛있다 / 맛없다

꺼띠 뻐이사호? ▶ 얼마예요?
머헌고 버요 ▶ 비싸요.
짜이 더이너 ▶ 됐거든요(필요없습니다).
쩌로삐 카하차? ▶ 화장실이 어딘가요?

간단한 네팔 숫자

액 ▶ 1
두이 ▶ 2
띤 ▶ 3
짜르 ▶ 4
빠즈 ▶ 5
쳐 ▶ 6
사트 ▶ 7
아뜨 ▶ 8
너우 ▶ 9
더스 ▶ 10

▶ (한국말이)어눌한 현지 가이드 지번

카트만두는 인구 200여 만 명에 주민의 대부분이 네와르족이고, 티베트인, 인도계 네팔인들이 네팔의 전지역에서 이주한 민족들이 섞여 살고 있는 곳이라고 한다. 게다가 시가지는 행정청과 옛 왕궁, 대학, 힌두 불교사원이 정말로 많았으며 잘 어우러져 있었다.

"안녕하세요!"

아담한 키에 야구 모자를 쓴 사내가 한국말로 쓰인 피켓을 들고 우리를 맞이한다. 까만 얼굴에 커다란 눈이 대략 보아도 160cm나 될까 말까한 전형적인 네팔 현지인의 모습이었다. 사내는 네팔 현지 여행사에서 우리를 안내하기 위해 나온 지번이었다. 가이드 경력만 10년이라는 그는 베테랑 가이드답지 않게 어눌한 한국말로 주섬주섬 말을 꺼냈다. 그의 한국말 실력은 반 정도만 알아들을 수 있을 정도였는데, 그나마 어눌한 한국말 실력도 예전에 한국

에서 건설노동자로 일했을 때 배워뒀던 것이란다. 알고 보니 지번은 한국인을 상대로 하는 전문 가이드가 아니라 영어, 일어, 인도어, 한국어 등의 다국어를 딱 여행객과 소통할 수 있을 정도만 구사할 수 있는 다국적 멀티 플레이 트레킹 가이드였던 것이다. 순간 당황, 앞으로의 행보가 결코 순탄치 않음을 예감했지만, 롯데월드 갔다가 인사동 들리고 남대문시장 따위를 도는 '서울순환여행' 패키지처럼 판에 박힌 여행이 아닌 까닭에 그 정도는 감수할 수도 있는 것이라고 생각을 너그럽게 가져본다.

'어차피, 편하게 관광지나 둘러보러 온 여행이 아니지 않은가!'

부족한 50% 언어의 장벽이야 열린 마음으로 채울 수도 있고, 차라리 여행객의 습성까지 파악해 비위만 맞추기 일색인 닳고 닳은 가이드보다 이번 여행에 더 적합할 것 같다는 생각을 해보며 지번의 뒤를 따랐다.

▶ 일본의 도요타(TOYOTA), 한국의 현대(HYUNDAI)

카트만두 공항 앞 승차장에는 도열하듯 일렬로 늘어선 수십 대의 택시들이 손님을 기다리고 있었다. 택시 운전사로 보이는 사내들이 우리에게 다가와 "택시? 택시?" 하며 호객행위를 한다. 지번이 우리 앞을 가로 막고 뭐라고 하자 그제서야 물러나 다른 손님을 물색하러 자리를 뜬다. 네팔의 중심부인 카트만두 공항은 상점 하나 없는 비라트너거르 공항과 달리 제법 혼잡했다. 택시뿐만 아니라 근처 숙소, 식당 등에서 나온 호객꾼들이 손님 유치에 열을 올리고 있었다. 그때였다. 어디선가 한복을 곱게 차려입은 여인이 다가와 말을 건넨다. '한국에서 온 사람들인가? 여행객이 이런 복장을… 게다가 한복을 입기엔 상당히 더운 날씨 아닌가', 의아함에 생각이 꼬리를 무는데 "안녕하세요?" 라고 공손히 인사를 하며 광고 전단지를 내민다. 전단에는 붉은색 명조체로 커다랗게 '북한식 정통요리' 라고 적혀 있었다. 우리나라에서도 본 적 없는 북한 음식을 여기서 보게 되나! 생각하니 웃음이 나왔다.

호객꾼들을 뒤로 하고 성큼성큼 걸어가는 지번의 뒤를 따라 가니, 한쪽 모퉁이에 택시 한 대가 우리를 기다리고 있었다. 우리나라 도심에서는 좀처럼 보기 힘들 정도로 폐차 직전의

공항 입구. 꼭 필요한 사람만 공항에 드나들게 하려는 듯 차량이나 사람들을 상대로 간단하게 비행기 티켓을 검사하는 것이 인상적이었다.

공항 주차장에서 만난 수도승

낡은 차였다. 특이한 건 택시 위에 경찰차의 사이렌 모양처럼 달린 'TOYOTA' 였다. 둘러보니 주변의 택시들도 모두 차 위에 자동차 회사 로고가 달려 있었는데, 대부분의 택시가 'TOYOTA' 였다. 일본 관광객이 많아서인지, 일찍이 일본이 네팔에 자동차를 수출해서인지는 알 수 없었지만 아무튼 이곳 택시는 택시 제조회사를 크게 잘 보이게 하는 일종의 규칙 같은 것이 있는 모양이었다. 우리나라의 차들도 중동이나 서남아시아 지역으로 수출을 많이 한다고 들은 적이 있어서 네팔에 한국 차는 없냐고 지번에게 물었다. 지번은 잠시 주위를 두리번거리더니, 저만치 손가락을 가리키며 말한다.

"저기, 현대 있어요. 요즘 현대차 점점 많아져요."

지번이 손가락을 향한 곳에는 'HYUNDAI' 라고 큼지막하게 쓰인 새 차가 서 있었다. 나는 현대차를 타지 못한 게 조금 아쉬웠지만, 그래도 우리나라의 차를 발견했다는 걸 위로삼으며 낡은 도요타 택시를 타고 공항을 빠져나왔다.

FAST FOOD
Carlsberg
GAME
WESTERN UNION
मनी ट्रान्सफर
सवारी साधन बाहिर
EXIT

WHITE MISCHIEF
ULTRA PURE VODKA

▶ (네팔을 억압하는)인도의 신무기, 석유

느리게 길을 오가는 거리의 사람들과 대조적으로 카트만두 시내의 도로는 생각했던 것보다 복잡했다. 버스, 트럭, 오토바이, 택시, 템포(삼륜전동차) 등이 도로에 얽혀 서로 뒤질세라 요란하게 클랙슨을 울려대고 있었다. 마치 출퇴근길 서울 도로를 연상시켰는데, 우리나라와 다른 점이 있다면 신호 대신 무작정 밀고 들어가는 차가 우선이라는 점이었다. 오래된 낡은 안내책자로 한국에 처음 오는 주한미군들을 위한 안내책자였는데, '한국에서의 운전은 각별히 조심해야 한다'며 우리나라 운전자들의 나쁜 운전습관을 꼬집는 기사를 본 적이 있다. 그러나 이곳 운전자들에 비하면 우리나라 운전자들은 너무나도 양심적인, 천사 같은 운전습관을 가진 게 틀림없었다.

극심한 교통 정체 때문인지, 공항에서 20~30분 거리에 있다는 호텔은 공항을 떠난 지 한 시간이 다 되도록 모습을 드러내지 않았다. 왕복 4차선 도로 한쪽으로 정체되고 있는 차들은 그 끝이 보이지 않을 정도로 꼬리를 물고 길게 늘어 서 있었다. 어떤 운전자들은 체념한 듯 아예 차에서 내려 주변을 서성이며 정체가 풀리기를 기다리는 듯했다. 신기한 일은 반대 방향 차들은 이상하리만치 잘 소통되고 있다는 점이었다. 이쪽 차선 앞쪽에 무슨 사고라도 난 것이 아닌가 차창 밖을 내다보는데, 지번이 말을 꺼낸다.

"기름 때문에 그래요."

네팔은 국가 산업의 중요한 에너지원인 석유를 전량 인도로부터 수입하는데 인도의 석유 수출 제한 때문에 심각한 에너지난에 시달리고 있었다. 네팔은 오랜 기간 유지했던 왕정 시대를 지나 1990년 초부터 근대화 개발이 시작되었고, 인도는 석유공급량을 조절하며 네팔에서의 개발 주도권을 장악하기 위한 술수를 쓰고 있었다. 일종의 정치적인 압박인 셈이었다. 지번의 설명으로는 네팔 전체에 석유가 부족하기 때문에 일반 사람들의 차에 한 번에 공급할 수 있는 기름의 양이 매우 적고, 그나마 흔치도 않아서 이렇게 기름이 공급되는 날 주유소 근처는 주차장을 방불케 할 정도로 극심한 교통 체증이 유발된다는 것이었다.

주차장을 방불케 하는 주유를 기다리는 수많은 차량들

씁쓸한 일이었다. 인류의 역사 내내 끊이지 않았던 강대국과 약소국의 불평등한 역학관계가 이곳에서도 어김없이 벌어지고 있으니 말이다. 오랜 기간 중국과 일본의 침략에 시달렸던 우리의 역사가 그랬고, 서구열강에 시달렸던 아시아와 아프리카 국가들의 역사가 그렇지 않은가? 네팔도 총과 대포를 앞세운 물리적인 침략은 아니지만 그것보다 더 무섭고 더

폭압적인 경제압박을 당하고 있는 것이었다. 천혜의 자연유산과 세계의 문화유산을 가진 네팔이지만 오랜 기간 이어진 왕정의 부패와 주변 강대국들의 경제봉쇄로 현재까지 굉장히 낙후되어 있다. 사람들은 가난하고 궁핍한 삶을 면치 못하고 있고, 그래서 누군가에 의한 개발은 반드시 필요하다. 하지만, 그 개발이 과연 누구를 위한 것이고, 또 어떤 방식으로 진행될지가 중요한 시점에서 진작부터 강대국 인도에 의해 석유압박을 받고 있는 현실은, 약소국의 비애를 실감할 수 있었다.

🔖 한국 음식점 경복궁

20~30분 거리를 한 시간을 넘게 걸려 간신히 카트만두 시내의 한 호텔에 배낭을 풀었다. 호텔은 네팔 중심부에 위치해서인지, 비라트너거르의 그것과 비교할 수 없이 깨끗했다(사실 비라트너거르 호텔 복도에 커다란 고양이가 다니는 것을 보고 깜짝 놀란 적이 있었다). 비라트너거르에 사는 소녀, 산티를 만난 여운이 채 가시지 않았지만 두 번째 여행 목적지인 카트만두 도심 지도를 꺼내 방문할 유적지들을 살펴본다. 아버지와 함께 미리 준비해온  일정표를 하나하나 체크해보는데 갑자기 허전한 느낌이 들기 시작했다. 그렇다, 우리는 아직 저녁식사를 하지 못한 것이었다. 나의 배꼽시계는 그 시각을 알리고 있었다. 나는 가장 네팔적인 음식을 먹어야 한다고 주장했지만, 이곳에서도 한국 음식을 먹을 수 있다는 지번의 말에 마음을 빼앗긴 아버지의 강력한 주장에 이끌려 터멜 지구에 있다는 한국 식당 '경복궁'으로 향했다.

카트만두 시내에서도 번화가에 속하는 터멜 지구는 네팔을 찾는 세계 각국의 여행자들을 위한 곳이었다. 각종 호텔과 레스토랑은 물론 여행사, 환전소, 기념품 가게, 서점, 슈퍼마켓 등이 다닥다닥 붙어 있어 여행자들에게 필요한 대부분의 것을 이곳에서 구할 수 있었다.

관광객이 많은 허멜거리

옛날 젊은 시절의 성룡이 경찰로 나와 화려한 액션을 선보였던 홍콩영화에 등장하는 거리처럼 좁은 골목길 양옆에 위치한 작은 상점들이 터멜 지구 내내 이어져 길가는 여행객의 시선을 붙들었다. 몇몇 상인은 내게 다가와 "곤니치와!"하고 말을 걸어왔지만, 뱃가죽이 허리에 붙을 지경인 나는 쇼핑은 나중으로 미루고 터멜 지구 끝쪽 건물 2층에 위치한 한국 식당 '경복궁'으로 빠른 발걸음을 옮겼다.

경복궁은 다분히 한국적인 모습이다. 종업원들이 네팔 사람이라는 점과 벽면에 붙어 있는 에베레스트 사진을 제외한다면 도무지 네팔에 있는 식당이라고 생각할 수 없을 정도다. 된장찌개, 김치찌개, 비빔밥, 냉면에서부터 삼겹살, 제육볶음, 불고기에 이르는 익숙한 메뉴들은 한국 식당이니 당연한 것이라 치더라도, 한 구석에 위치한 노래방 기계, 우리나라의 만화책들까지, 없는 것 빼고 다 있는 '한국 종합선물세트' 같았다. 반가운 마음에 삼겹살에

김치찌개 따위의 음식을 주문하고 동석한 지번에게도 한국음식을 권했다. 하지만 지번은 영혼이 깃든 음식은 먹지 않는다며 삼겹살은 물론이고 고기가 들어 있는 김치찌개 국물도 마다했다. 힌두교인들이 신성시하는 소를 먹지 않는다는 것은 알고 있었지만 육식 자체를 거부하는 건, 그만의 특별한 신념 때문이었다. 지번은 독실한 불교신자였다. 티베트의 영원불변의 정신적, 정치적 지도자인 달라이라마를 마음속에 새기며 일상의 행동 하나하나를 종교적인 신념 하에서 행한다고 했다(지번은 그날 이후 함께한 모든 식사를 비빔밥으로 해결했다).

아무튼, (나의 추측이지만) 냉장시설이 발달하지 않아 반찬이 약간 짜다는 것만 제외하면, 그 정갈함이나 몇 번이나 반찬을 추가해도 친절하게 리필해주는 넉넉함, 저렴한 가격까지 나무랄 데 없이 만족스러웠다. 나중에 카트만두에 방문할 일이 있는 사람들에게 꼭 추천해 주고 싶은 곳이다. 경복궁에서의 만찬은 며칠 만에 먹는 즐거움이 주는 포만감을 느낄 수 있었다. 숙소로 돌아온 우리는 꽉 짜여진 카트만두 여행을 앞두고 깊은 잠에 빠져들었다.

TIP 네팔의 통화

네팔의 화폐단위는 네팔 루피(Rs : Rupee). 1Rs=100파이사(P : Paisa). 지폐는 1, 2, 5, 10, 20, 50, 100, 500, 1000루피이다. 지폐 앞면에는 국왕의 초상화와 대표적인 사원, 산 등이 그려져 있고, 라스트라(중앙은행)은행 총재의 사인은 총재가 바뀔 때마다 바뀐다. 동전이 있기는 하지만 잘 통용되지는 않는다.

 ## 02 신들과 소통하는 사람들

▶ **예술의 혼이 살아있는 네와르족의 파턴**

비가 내리는 카트만두 거리가 창밖으로 빠르게 지나간다. 비오는 이국땅의 거리는 낭만적인 감성을 일으킬지 모르지만, 그 낭만적인 감성이 낭만적인 상황까지를 연출하는 것은 아니다. 한적한 강가에서 느긋한 휴가를 즐기는 여행자였다면 달랐겠지만, 난 그다지 느긋한 입장이 아니었고 빗속 유적탐사를 감행해야 했다. 우리는 첫 번째로 파턴으로 향했다. 그 옛날 파턴은 카트만두, 벅트푸르와 더불어 융성한 말라 3왕국 중의 하나였다고 하는데, 지금의 샤왕조가 말라왕조를 무너뜨리고 중앙집권 통치를 이룩했다고 한다. 그래서 파턴은

행정구역상 카트만두와 분리되어 있긴 하지만, 카트만두 중심인 터멜에서 5km 정도로 버스나 택시로 쉽게 이동할 수 있는 거리였다. 좀체 잦아들지 않는 빗줄기 때문에 카트만두 남쪽에 있는 파턴 근처 길가에 차를 세워두고 한참을 차 안에서 기다려야 하는 신세가 되었다. 차 안에 앉아 창밖을 바라보는데, 비가 오는 데도 불구하고 길 건너편을 지나는 버스에는 승객들로 만원이었다. 아니, 그냥 만원인 정도가 아니라 버스 지붕 위에까지 빼곡하게 승객이 올라타 있었다. 승객들의 수에 비해 버스 노선이 많이 부족한가 싶어 지번에게 물으니 돌아오는 대답이 재미있다. 네팔의 버스들은 일정한 노선이 정해져 있긴 하지만, 우리나라처럼 어디에서 출발해 어디까지 가는 몇 번 버스, 이렇게 정해진 것이 아니라는 것이다.

버스 정류장에서 직원이 큰소리로 목적지를 외치면 그 소리를 듣고 사람들이 우르르 몰려와 타는 것이란다. 종로의 한 버스정류장에서 한 남자가 소리치는 모양을 떠올려본다. "신촌 가는 버스에요. 빨리 타세요."라고 소리치면 그 소리에 우르르 몰려들어 버스 안과 지붕에 올라타는 사람들. 상상만 해도 웃음이 절로 난다.

억수같이 쏟아지던 빗줄기의 기세가 한풀 꺾이자 우리는 우산을 들고 차에서 내려 파턴 도심으로 들어갔다.

> **TIP**
>
> **네와르족**
> 네팔의 최초 원주민이자 가장 문명화된 종족 중의 하나. 네와르족은 대부분 농지로 둘러싸인 고지대에 정착한 혼혈민족. 주식은 쌀, 힌두교도가 많지만 불교도도 다수 포함한다. 잘 꾸며진 불교와 힌두교의 사원들이 많고, 이 사원들은 네팔에서 가장 중요한 관광자원인 에베레스트와 인접한다. 인도와 티베트를 잇는 무역루트의 중심으로 그들은 매우 뛰어난 장사꾼이거나 무역상이며, 특히 네와르족의 예술적 재능은 그들의 조각품이나 건축에 잘 나타나 있다. 가계는 부계혈통, 네와르어를 사용한다.

네와르족은 아주 오래 전 카트만두 분지에 정착해 도시문명을 건설한 부족이다. 네와르라는 이름은 예전에 카트만두 분지를 뜻하는 네팔이라는 말에서 유래했다고 하는데, 이들은 건축은 물론 금속 세공이나, 보석, 조각 등의 공예에 뛰어난 재능을 보유하고 있었다고 한다. 이들의 전통은 특유의 종교문화와 조화를 이루며 지금까지도 계승되고 있다. 이러한 그

더르바르 광장(구 왕궁)

더르바르 광장은 원래 카트만두, 파턴, 벅트푸르 3곳에 있다. 그러나 일반적으로 네팔의 시내 중심 카트만두에 위치한 더르바르 광장을 말하기도 한다. 오래된 네팔 왕궁들이 많아 '허누만 도카(궁전 광장)'라고도 하고, 허누만은 원숭이 신으로 더르바르 광장의 수호신이며, 중앙 오른쪽에 붉은 원숭이 석상이 모셔져 있어 힌두교도들이 많이 찾는 곳이기도 하다. 또한 살아 있는 신 쿠마리가 살고 있는 곳으로도 유명하다. 지금은 왕궁은 이전하고 박물관으로 사용된다고 한다.

18세고딩, 네팔을 만나다!

들의 흔적은 카트만두 도심 곳곳에서 어렵지 않게 발견할 수 있었다.

특히, 카트만두 도심 남쪽에 위치한 파턴은 지금도 네와르족이 많이 모여 사는 곳으로 유명한데 그 자체가 거대한 문화유산이라고 해도 과언이 아닐 정도로 화려하고 웅장한 역사의 흔적들이 고스란히 남아 있었다. 그 중에서도 유럽의 건축물을 연상시키는 석조 사원 크리슈너는 화려한 위용을 뽐내며 우리의 시선을 사로잡았다. 하지만, 굳이 오래된 문화유적들을 찾아 일부러 방문하지 않더라도, 파턴 시내를 거닐다 보면 길거리의 작은 상점에서 팔고 있는 금속공예나, 액세서리 같은 기념품들 하나하나에도 네와르족의 섬세한 재능을 쉽게 발견할 수 있었다. 이 도시 전체가 17세기 멀러 왕조 때부터 내려온 커다란 미술관처럼 예술적이면서도 아름다운 모습으로 관광객을 유혹했다.

골목골목 이어지는 상점들과 사원들을 지나는데 길 옆 한 구석에 작은 물을 긷는 물터 하나가 눈에 들어왔다. 한 눈에도 희뿌연 것이 그다지 깨끗해 보이지는 않았는데 아이 몇 명과 노인이 그곳에서 물을 긷고 있었다. 무슨 용도의 물인지 잠시 의문을 갖는데, 지번이 설명을 해준다. 근처에 있는 옛 왕이 사용하던 연못에서 흘러나온 물터라고 한다. 왕조가 사라진 시대에 왕의 물터가 일반 서민들의 빨래터가 된 것은 아닌지, 이런 것이 세월의 무상함이라는 것인가…

우리는 이 도심 속 왕궁의 모습을 보다 자세히 살펴보고 싶어서 이곳에서 왕궁이 가장 잘 보인다는 5층짜리 카페를 찾아 들어갔다. 창가에 자리를 잡고 아래를 내려다보니, 멋진 붉은 사원들이 가득한 광장과 그 주위를 분주히 오가는 사람들이 보인다. 말 그대로 파턴거리

가 한 눈에 내려다보이는 명당자리였는데, 도심의 그 응장한 자태에 절로 탄성이 나왔다. 창가에 앉아 가만히 거리를 내려다보고 있자니, 갑자기 걸러 왕정시대의 왕이 된 듯한 기분 좋은 착각에 빠져들었다.

'오! 사랑스런 나의 백성들이여! 나를 따르라!'

> **TIP** **네팔의 구성 민족**
>
> 네팔은 100여 소수민족으로 이루어지고 90여개의 언어를 사용하며, 총인구는 2800만 명이다. 다양한 인종집단의 분포는 네팔 지형의 다양성을 반영하는 것이기도 하다. 네팔인구의 대부분은 인도-아리안 계열, 나머지는 북부지역 무스탕의 셸파(Sherpas), 돌파(Dolpas), 로파(Lopas)와 같은 티베트인과 보티야인, 중부지역의 네와르(Newars), 타망(Tamang), 라이(Rais), 림부(Limbus), 수누와르(Sunwars), 머가르(Magars), 구룽(Gurungs)족과 같은 몽골리안이다.
>
> ● 브라만(Brahmans) _ 힌두교에서 가장 높은 신분(승려)으로 전 지역, 다양한 분야(네팔의 정치, 경제, 행정)에 영향력을 가지고 있다.
> ● 체트리(Chhetris) _ 브라만 다음 신분으로 투쟁과 언쟁에 능하고 용감하며, 전통적으로 군인과 행정가, 정치가가 많고 교육적으로도 많은 역할을 한다. 현재 왕족들도 체트리에 속한다. 브라만과 체트리는 네팔 전체 인구의 31.5%를 차지하는 주요민족이다.
> ● 네와르족(Newars) _ 카트만두 인구의 44%, 네팔 전체 인구의 7%를 차지하는 주요 토착민이다. 네팔 공식어인 네팔어와 네와르어를 사용한다. 정치, 경제, 역사, 건축, 예술 등 다양한 분야에서 뛰어난 능력을 가졌다. 7, 8살의 어린 소녀가 벨트리(Bell Tree)라는 나무, 혹은 벨(Bell)이라고 하는 그 나무의 초록색 열매와 결혼을 하는 풍습은 이들만의 흥미로운 전통이다. 나무는 히라냐 거르버하(Hiranya Garbha)라는 불사신을 상징하고 이 신과 결혼을 하면 죽지 않는다는 전설이 있다.
> ● 구룽족(Gurungs) _ 카스키, 럼중, 안나푸르나 히말라야의 산중턱과 계곡부근에 사는데, 그들의 아름다운 돌집은 관광객들의 발길을 잡는다. 이들은 주로 농부, 군인이기도다. 라이(Rais), 림부(Limbus), 머거르(Magars)족과 함께 고르카군은 영예로운 군인을 뜻한다.
> ● 머거르족(Magars) _ 전체 인구의 7.2%를 차지하며 더울라기리 남쪽 칼리 건더키 지역에 거주한다. 대부분은 농부이지만, 용맹한 성격과 건강한 신체는 용감한 군인에 버금간다. 칼리신을 위한 화려한 힌두축제가 있고, 이 기간에 고르카에서는 많은 염소를 제물로 바친다.
> ● 셸파족(Sherpas) _ 히말라야의 고산족 중 가장 유명한 민족. 주로 에베레스트의 산기슭의 솔루, 쿰부지역에 산다. 모험심이 많아 산악가로 원정대의 리더, 산악가이드, 포터로서도 아주 훌륭하다.
> ● 타루족(Tharus) _ 시발릭 언덕(Shivalik hill)의 남쪽을 따라 인도와 네팔의 국경지역인 테라이(Terai)지방 숲속의 소수민족이다. 인도의 지배계급인 라즈풋(Raj put)의 후손으로 네팔 전체 인구의 6.4%를 차지한다.
>
> (주)네팔투어(www.nepaltour.co.kr) 제공

▶ 왕궁이 즐비한 더르바르 광장

"남대문시장 같은 곳이에요."

지번의 말처럼 한국의 남대문시장 쯤 된다는 카트만두 터멜 지구의 어선 쪼크 시장은 온갖 잡다한 물건들을 내다파는 상인들과 행인들로 붐볐다. 좁은 길가에 도열하듯 늘어선 크고 작은 상점들부터 길바닥에 천을 깔고 물건을 파는 노점들까지 그 모양도 남대문시장과 흡사하다. 곳곳에 릭샤를 세워놓고 손님을 기다리는 남자들은 우리나라 시장 내에서 물건을 배달하는 사람들처럼 느껴졌다. 카트만두를 대표하는 재래시장이라는 말을 듣고 좀 특별한 모습을 기대했는데, 역시 사람 사는 모양은 다 거기서 거기인 듯싶었다.

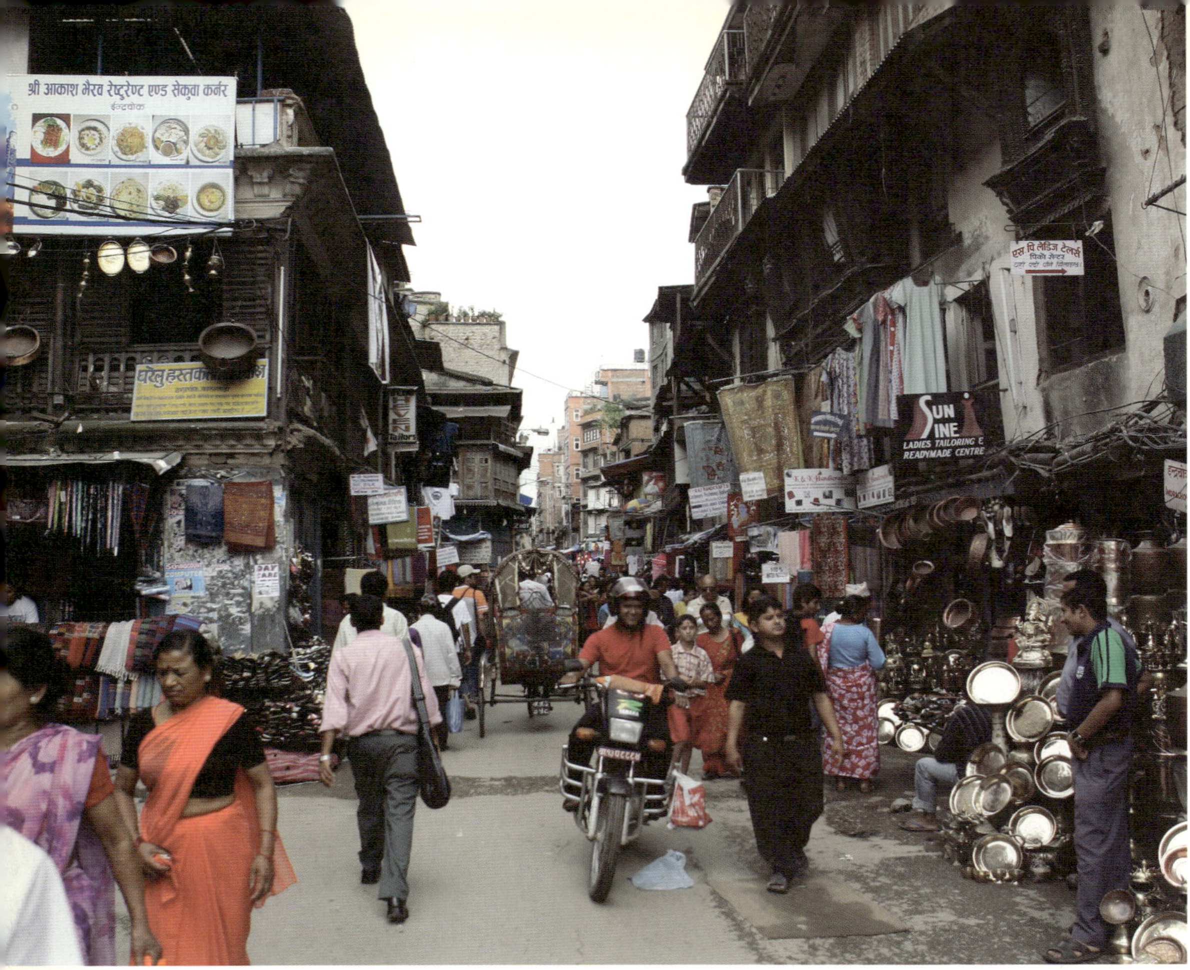
LADIES TAILORING & READYMADE CENTRE

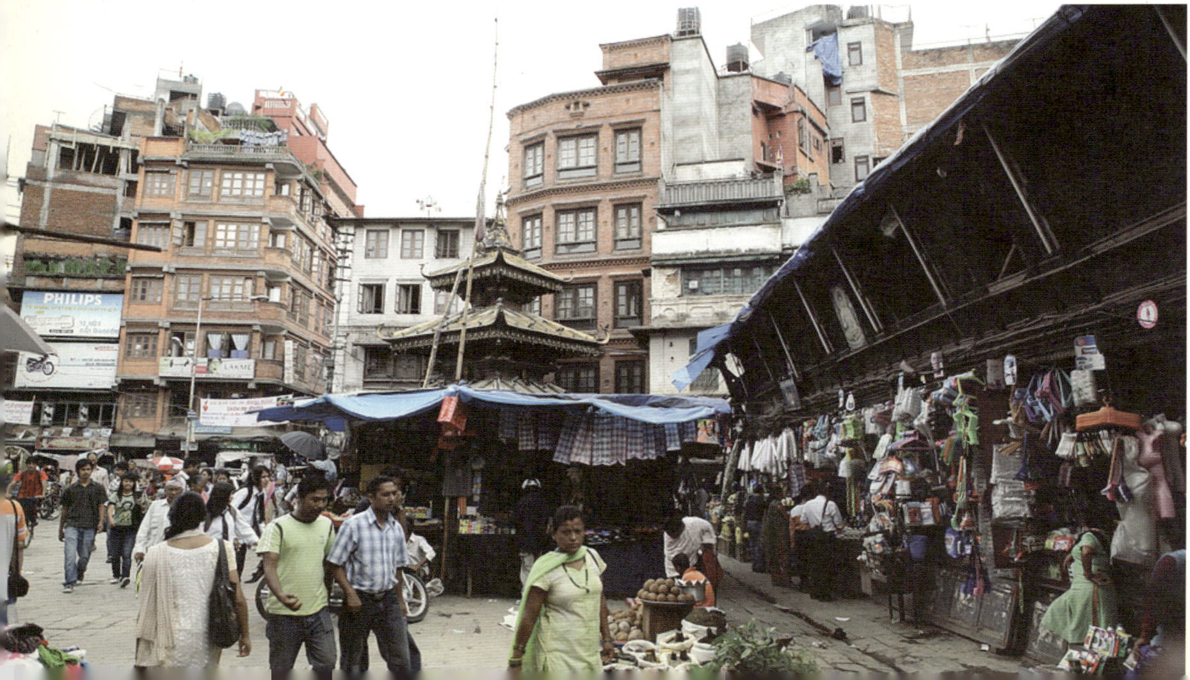
PHILIPS
LAKME

한 바퀴 시장을 둘러보고 도보로 5분 쯤 걸어가니 온통 붉은빛으로 가득한 사원들이 나타난다. 흡사 중국영화 마지막황제 세트장을 연상케 하는 이곳은 더르바르 광장이다. 더르바르는 네팔 말로 궁정이라는 뜻이다. 지금은 왕정이 무너졌지만, 네팔은 오랜 세월 왕의 통치로 이루어진 나라이다. 더르바르 광장에서는 이 카트만두 분지에 군림했던 3개의 멀러 왕조가 3왕국 시대의 유물들의 위용을 경쟁하듯 뽐내그 있었다. 이것은 덕수궁이나 경복궁 같은 궁궐이 카트만두 시내 한복판에 개방되어 있는 것과 같다. 외국인이나 관광객들에게는 약간의 입장료를 받고 있었지만 결코 부담스러운 금액은 아니었는데, 그보다 우리나라의 고궁들처럼 높은 담과 거대한 문으로 외부와 분리되어 있는 것이 아니라서, 화려함과 웅장함은 있을지언정 켜켜이 쌓인 왕궁 역사의 권력은 느껴지지 않았다.

게다가 아이들이 뛰놀고 주변 거리에 야채나 꽃, 장신구들을 파는 노점상들이 늘어서 있어, 광장 자체가 왕궁처럼 꾸며진 커다란 공원 같은 느낌을 주었다. 다만 그 화려한 외관으로 미루어 한 때 찬란한 문화를 꽃피웠음을 짐작해 볼 따름이었다.

광장을 걸어 나오는데 한 가지 아쉬운 마음이 들었다. 유네스코는 도심 한 가운데 커다란 공원 같은 이 더르바르 광장을 세계의 문화유산으로 지정했는데, 일반인들이나 관광객들에게 허물없이 그들의 문화유산을 보여주는 것까지는 좋지만, 개방이 도를 넘어 수백 년 된 세계 문화유산이 아무런 보호 장치 없이 노출되는 것, 화려한 건축물이 비둘기 배설물에 의해 쉽게 더럽혀져 훼손되고 있다는 점은 많이 아쉽고 유감스러웠다. 맙소사! 비둘기 배설물로 얼룩진 세계의 문화유산이라니….

▶ 살아있는 여신, 쿠마리 사원

더르바르 광장 남쪽에는 나무로 만든 작은 창들이 관광객들의 시선을 사로잡는다. 붉은 벽돌로 이루어진 오래된 별장 같은 이 건물은 살아있는 여신 쿠마리가 살고 있는 쿠마리 사원이다. 쿠마리는 국가의 중요한 사건을 예언하는 살아있는 신으로 좋은 가문에서 태어난 어린 소녀 가운데 선발한다고 했다. 재미있는 것은 쿠마리의 선발 기준은 지능, 학벌, 미모가 아니라 신성함으로 쿠마리로 선정된 아이가 생리를 시작하면 저주 받았다 하여 다른 쿠마리에게 자리를 넘겨주어야 하는 점이었다. 아마도 성적으로 자유로운 자만이 신이 될 수 있다는 발상인 듯한데, 어찌 보면 그 이유는 다르겠지만 가톨릭의 수녀와 같은 맥락이 아닐까 하는 생각이 들었다.

쿠마리 사원 안으로 들어가면 건물 앞 작은 마당 중앙쯤에 돈을 넣을 수 있는 작은 나무 상자가 있다. 쿠마리 신에게 돈을 바치는 일종의 헌금함 같은 것이었다. 방문자가 경외의 뜻으로 그냥 헌금을 해도 되지만, 사원을 지키는 집사에게 일정 금액을 기부하거나 헌금함에 넣으면 2층 정면의 창 너머로 무표정한 얼굴의 쿠마리를 볼 수 있는 특혜가 주어진다고 했다.

'헌금을 하면 신의 얼굴을 볼 수 있다니!'

다소 찝찝한 상황에 나도 모르게 쓴 웃음이 나오는데 때마침 한 단체 관광객이 기부를 해 쿠마리가 창문을 열고 얼굴을 내밀게 되었다. 앗! 신의 얼굴을 직접 볼 수 있다니…

신기한 마음에 카메라를 꺼내드는데, 금세 집사가 제지를 해온다. 이유는 단 하나, 성스러운 신의 모습 때문에 카메라가 망가진다는 것이었다. 나는 내 카메라가 망가지는 것이니 상관없다고 말했지만 상황은 달라지지 않았다. 대신 집사는 사원 입구에서 파는 쿠마리가 인쇄된 엽서를 구입하라고 조언한다. 내가 사뭇 못마땅한 표정을 지어보이자 지번이 슬그머니 다가와 속삭인다.
"이것이 이들의 생활 수단입니다."

▸ 한 줌의 재로 변한 망자의 한, 퍼슈퍼티나트 사원

카트만두는 도시 자체가 거대한 문화유산이라고 해도 과언이 아닐 정도로 세계적인 명소들이 인접해 있다. 마치 신라의 숨결이 살아있는 우리나라의 경주 같았다. 나는 정해진 일정 안에 최대한 많은 것을 보고 싶어 허기져 음식을 찾는 사람처럼 안테나를 세우고 바쁘게 도시 곳곳을 찾아다녔다. 피곤해서 호텔에서 쉬자는 아버지를 강력하게 설득해 퍼슈퍼티나트 사원을 다음 목적지로 잡았다.

'아버지, 제가 밤에 다리 마사지 해드릴게요.'

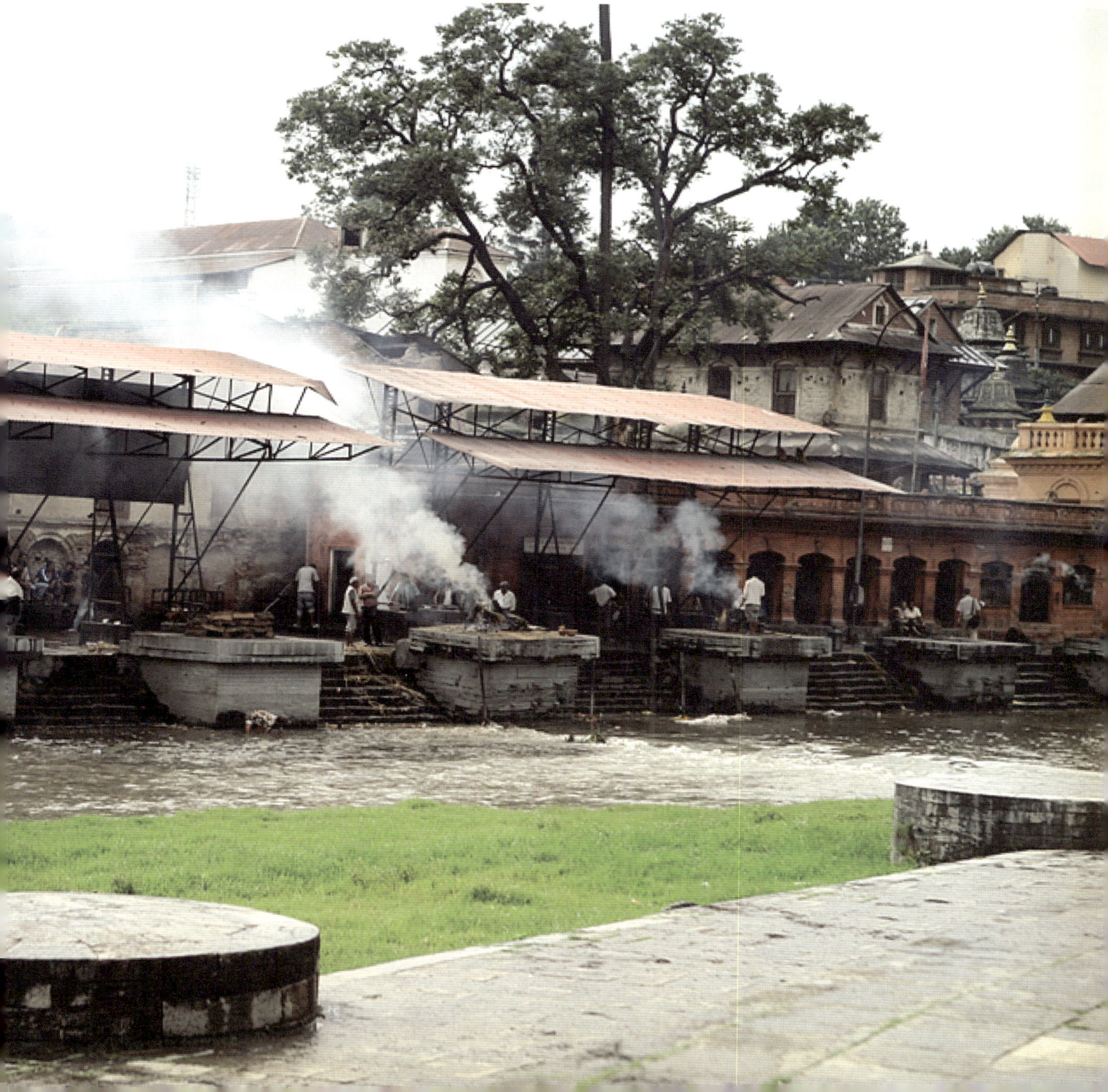

터멜 지구에서 택시로 5분 정도 이동해 인도 대륙에 있는 4대 시버 사원 가운데 하나인 퍼슈퍼티나트 사원에 도착했다. 인도 대륙 4대 시버 사원 중에 하나라고는 하지만, 입구는 변두리 작은 유원지처럼 협소했다. 멀리서 불경소리 비슷한 음악이 흘러나오고 있었고, 입구에선 사람 수만큼이나 많은 원숭이들이 방문객을 맞이했다.

보통 우리나라에 있는 개나 고양이들은 사람이 지나가면 숨거나 최소한 경계를 하기 마련인데, 이곳의 원숭이들은 사람 사이를 헤집으며 뛰어다니거나 아예 위협을 하는 등 대범하기 그지없는 행동을 했다. 지번은 사람들이 먹는 음식을 빼앗아 먹고, 배낭까지 낚아채어 달아나기도 한다며 가능하면 원숭이를 피하는 것이 좋다고 조언한다. 그리고 보니 원숭이 퇴치용 막대기를 들고 있는 아이들의 모습도 보였다.

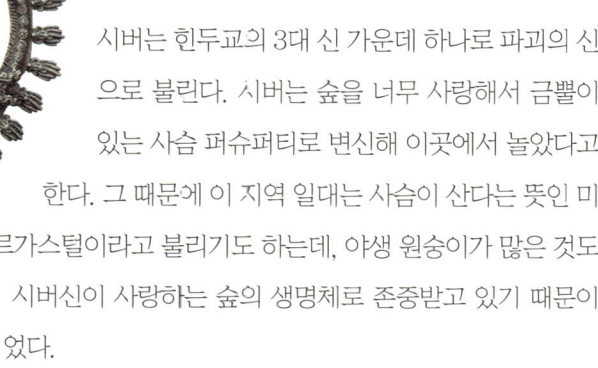

시버는 힌두교의 3대 신 가운데 하나로 파괴의 신으로 불린다. 시버는 숲을 너무 사랑해서 금뿔이 있는 사슴 퍼슈퍼티로 변신해 이곳에서 놀았다고 한다. 그 때문에 이 지역 일대는 사슴이 산다는 뜻인 미르가스털이라고 불리기도 하는데, 야생 원숭이가 많은 것도 시버신이 사랑하는 숲의 생명체로 존중받고 있기 때문이었다.

인도의 갠지스 강은 많은 사람들에게 성스러운 강으로 알려져 있다. 시신을 태워 흘려보내는 그 강에서 목욕을 하면 구원을 받는다는 힌두의 관습 때문에 많은 힌두교인들이 인도의 성지인 갠지스 강을 찾아 목욕을 한다. 우리나라에는 가수 비가 모델로 나오는 디지털카메라 광고의 배경으로 유명한데, 아무튼 퍼슈퍼티나트 사원 앞쪽에는 갠지스 강의 지류이며 성스러운 강으로 일컬어지는 작은 강이 있다. 바그머띠 강이었다. 폭이 한 이삼십 미터 쯤 돼 보이는 이 작은 강은 갠지스 강처럼 일 년 내내 시신을 태워 흘려보내는 탓에 탁한 암회색 빛깔을 띠고 있었다. 강 주변 사각형으로 돌출된 돌판 위에는 아르여가트라고 불리는 야외 화장터가 있었는데, 시신을 태우는 독특한 냄새와 함께 곧바로 하늘로 사라지는 연기가 기묘한 느낌을 주었다.

나는 화장터 자체를 처음 봤지만, 이 거대한 힌두 사원이자 화장터인 퍼슈퍼티나트의 모습에 다소 충격을 받았다. 나의 상식에 존재하는 화장터는 망자에 대한 슬픔과 경건함이 가득한 엄숙한 공간이었다. 한 줌의 재로 변해 사라지는 이에 대한 애도와 침울함이 지배하는 공간이었다. 하지만, 이곳의 사정은 전혀 달랐다. 처음 보는 낯선 광경에 여기저기 셔터를 눌러대는 관광객이야 그렇다 치더라도 화장터 주변을 헤집고 다니는 원숭이들이나 마치 정기적으로 열리는 마을 축제에 참석한 것처럼 심드렁한 표정으로 사원을 배회하는 사람들에게서 나의 상식에 존재하는 화장터의 느낌은 전혀 찾을 수 없었다.

이것이 신들과 소통하며 사는 이들의 삶일까! 삶 자체를 신과 분리해서 생각할 수 없다는 이들의 삶이 이런 것일까? 그들의 삶이 매 순간 그러하듯 죽음의 순간조차도 신과 함께 하는 이들에게서 비통함보다는 일상의 한 순간을 보는 듯한 느낌이 들었다.

평생 신만을 모시며, 신만을 바라보며 살아온 이들. 한편으로, 현실에서의 마지막 순간까지 그들이 모신 신의 성지 앞에서 한줌의 재로 변하고자 하는 이들의 신앙심에 숭고함마저 느껴졌다. 평생을 신과 함께하다 한 줌의 재로, 한 줄기의 연기로 사라지는 이들의 신앙심에 경외를 표하듯, 또 다른 신의 숭배자들은 그들의 넋을 기리며 바그머띠 강에 몸을 담그고 있었다.

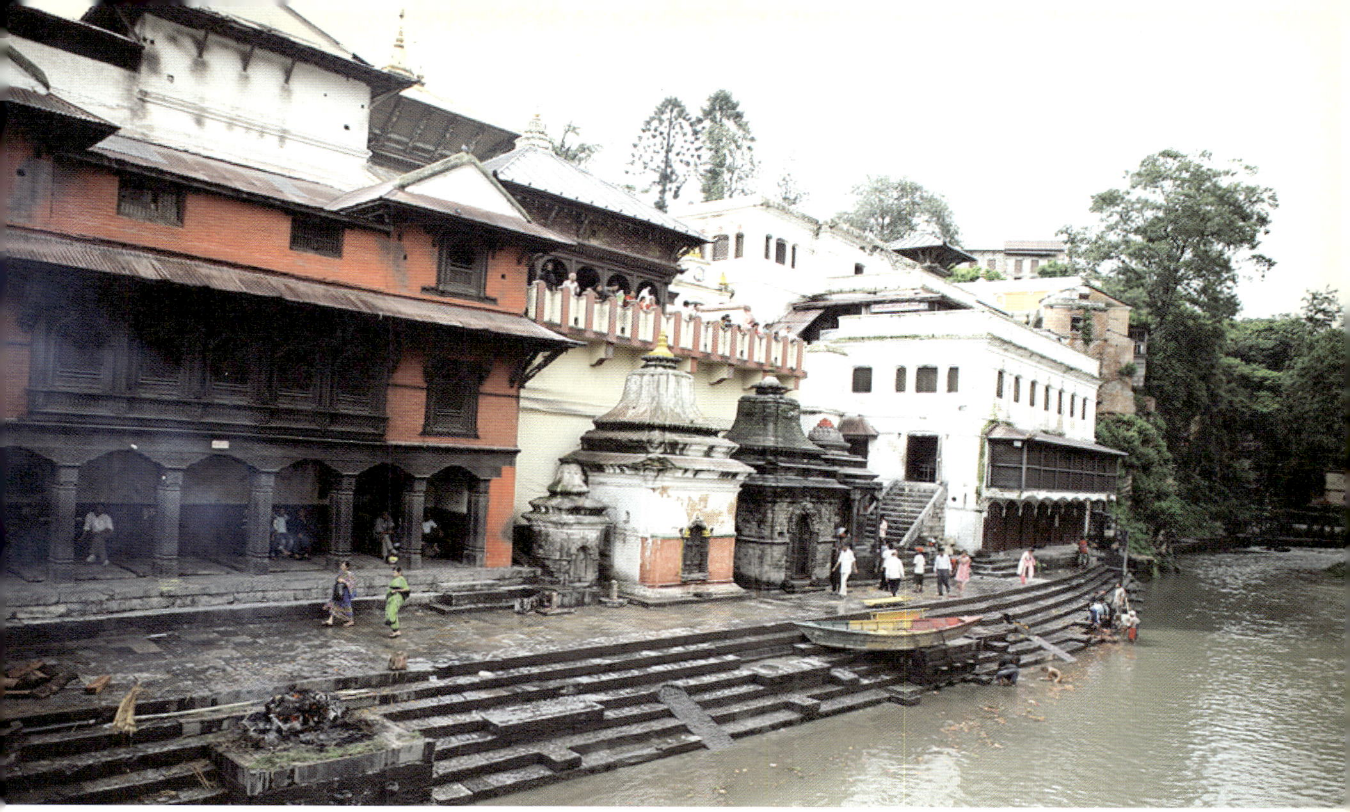

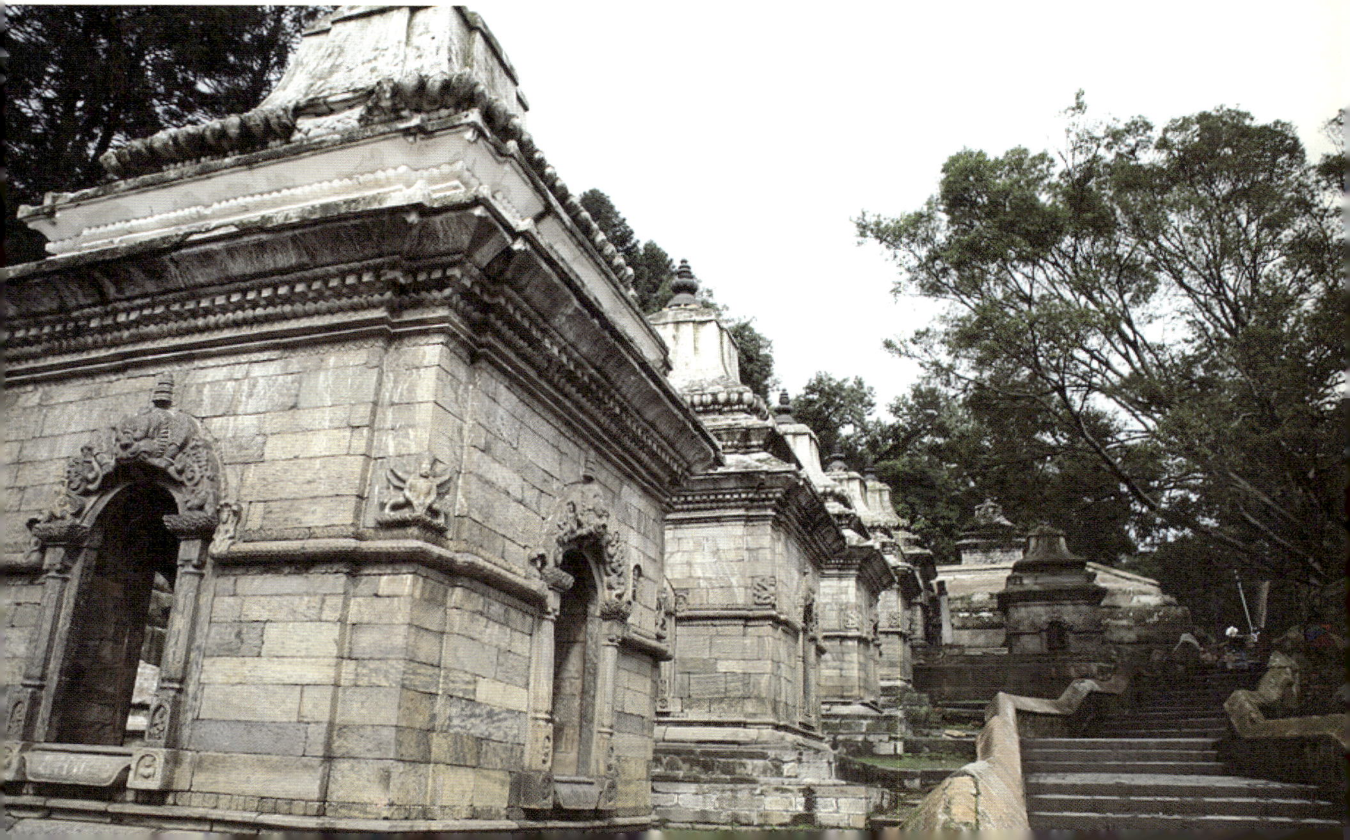

Stairway to Heaven, 보우더나트

부처의 고향인 룸비니가 있는 네팔. 룸비니와는 좀 거리가 떨어져 있지만, 대다수 국민이 힌두교도인 네팔의 수도 카트만두에 있는 불탑이 네팔인들의 삶 속에 어떤 모양으로 녹아 있을지 궁금했던 나는 아침부터 내리는 비가 영 달갑지 않았다. 네팔 관광안내책자의 사진처럼 텅 빈 불탑만 보게 되는 것은 아닌지…, 우려 반 조바심 반의 심정으로 카트만두 시내 동쪽으로 약 7km 쯤 떨어진 보우더나트로 향했다.

입구에서 입장료를 내고 출입문을 들어서자 커다란 스투파(불탑)가 눈에 들어온다. 이곳 역시도 외국인 관광객들에게 입장료를 받고 있었는데, 외국인 관광객들에게만 입장료를 받는 것은 아마도 네팔 유적지들의 공통점인 듯했다. 아무튼 사원 주변은 골동품 가게와 여행객을 대상으로 하는 기념품 가게, 향과 불교용품을 두루 갖추고 있는 순례자 대상의 가게들이 주위를 둘러싸고 있다. 진열될 물건들이 터멜 지구에서 보던 것들과 다른 느낌이 들어 물었더니 모두 티베트에서 가져온 것이라고 한다. 보우더나트 스투파는 이슬람교도들에 파괴된 후 15세기에 다시 지어진 것이라고 하는데, 이전에 카트만두와 라사를 잇는 히말라야 교역이 성행했을 때에 티베트의 상인들과 순례자들은 반드시 이곳에 들러 무사히 히말라야를 넘은 것을 감사하며 안전을 빌었다고 한다. 그 이후 중국이 티

베트를 무력으로 합병된 이후 사회주의 국가인 중국은 티베트인들의 불교를 인정하지 않았다. 종교를 생명과도 같이 여기는 티베트인들은 1960년대 이후 이곳 스투파 주변에 정착해 티베트인 주택, 카펫 공장, 상점 등이 들어서게 된 것이었다. 그래서 현재 이곳은 세계에서 티베트 문화가 가장 많이 남아있는 곳으로 유명하기도 하다.

비가 내리는 궂은 날씨임에도 보우더나트 주변에는 많은 사람들로 북적였다. 스투파 주변을 도는 나이 어린 티베트인 수행승들의 모습도 보였다. 연인인 듯 우산을 함께 쓴 이들의 모습이 이채롭다. 이곳 보우더나트는 관광객뿐 아니라 사시사철 순례자의 발길이 끊이지 않는 곳인데, 특히 승려들이 참배하는 아침과 저녁에는 장사진을 이룬 순례자들로 발 디딜 틈이 없다고 한다. 이곳은 세계 최대의 스투파가 있는 관광지이기도 하지만 네팔, 부탄, 인도의 티베트계 사람들에게 마음의 안식처 같은 곳이었다. 그래서 기쁜 일이 있을 때나 슬픈 일이 있을 때, 고민거리가 있을 때 이곳을 찾아 스투파 주변을 돌며 기도를 한다고 한다.

세계에서 가장 큰 보우더나트 스투파는 거대한 반원의 몸통 위에 고깔모자를 쓴 사람의 얼굴 같은 형태를 띠고 있었다. 반원형의 몸통은 물을 상징하고 사방을 응시하고 있는 얼굴은 세상을 돌보는 부처의 얼굴을 상징한다고 했다. 스투파에 있는 부처의 얼굴은 미소를 지을 듯 말 듯한 눈을 하고 있었는데, 깨달음과 모든 번뇌에서 해방되는 무의 경지를 뜻하는 지혜의 눈이라고 한다. 그 위의 하늘로 치솟은 계단은 열반을 얻은 자가 해탈로 향가는 계단이라고 한다. 천국으로 가는 계단인 셈이었다. 스투파 안쪽으로 들어가면 사방에 마니차라고 하는 작은 종 모양의 물건들이 있다. 마니차에는 옴다니뻬메훔이라는 진언이 새겨져 있는데 불교인들은 이 마니차를 하나하나 돌리면서 진언을 외운다. 스투파 주변을 돌며 마니차를 돌릴 때는 반드시 시계방향으로 돌아야 한다. 불교 경전에 보면 제자가 부처의 오른쪽 어깨를 향해 존경심을 표하는 장면이 그려져 있는데, 오른쪽으로 도는 것은 원시 불교 이래의 관습으로 내려오는 관습이었다. 때문에 마니차뿐만 아니라 이곳 보우더나트 주변을 관

광할 때도 반드시 시계방향으로 돌아야 한다. 마니차를 돌리면 작은 종소리가 나는데, 그래서 이 보우더나트에는 깨달음을 얻어 열반하려는 이들의 염원을 담은 마니차의 종소리가 끊이지 않는다.

비가 내려 감상적으로 변한 탓일까? 세계 최대의 불교 스투파인 보우더나트를 나오는 발걸음이 그다지 가볍지 않았다. 자신의 종교조차 마음대로 섬길 수 없어, 고향인 티베트를 떠나 이곳에 머물러야만 했던 티베트인들의 슬픈 심정이 마니차의 종소리와 함께 서글프게 울려퍼지는 듯했다.

> **TIP**
>
> **스투파(stupa)**
>
> 불교의 스투파는 불타의 사리를 봉안한 탑 건축물로서 반구형의 돔 형태이며 벽돌이나 돌로 만들어졌다. 동아시아 일대의 '탑파' 나 '탑' 이라는 말은 팔리어의 '투파thpa' 에서 왔으며 '부도' 라고도 한다. 스투파는 각 나라마다 건조물의 형태가 제각각 여러 형태로 존재하고, 인도 및 아시아의 불교 문화권에서 널리 숭배되었다. 자이나교에서도 유골이 안치된 건축물을 스투파라고 했고, 원래 베다 문학의 스투파는 '정상, 꼭대기' 를 의미했다는데, 스리랑카의 다가바, 타이의 체디, 미얀마의 제디, 파고다도 모두 스투파를 의미한다.

▶ 가장 네팔다운 불교사원, 쉬염부나트

벽은 경계를 의미한다. 벽과 벽 사이의 경계는 그 물리적인 단절과는 비교도 되지 않을 정도로 깊은 정서적인 단절을 잉태한다. 단절은 소통의 부재이고, 소통의 부재는 또 다른 반목과 배타를 잉태한다. 내가 네팔을 여행하면서 놀란 점 중에 하나는 경계의 모호함, 혹은 경계 자체의 부재이다. 일상의 삶과 종교가 공존하고, 서민들이 사는 일상의 도시와 켜켜이 쌓인 역사의 무게를 고스란히 담은 문화유적이 공존한다. 서로 다른 종교가 지척에 공존하고, 원숭이와 사람과 소와 개가 같은 공간에서 서로의 영역 안에 공존한다. 이들의 삶에 있어 서로 다름은 있을지언정, 옳고 그름도, 차별도 존재하지 않는다. 그저 같은 하늘 아래에서 차이를 인정하며 살아갈 뿐이었다.

공존, 얼마나 아름다운 말인가! 상대를 인정하지 않아야 자신의 존재를 인정받을 수 있는 무한경쟁의 시대에 서로의 존재를 인정하며 함께 살아간다는 것! 이것은 비단 개인과 개인, 사물과 사물의 문제뿐만 아니라 인종과 인종, 국가와 국사 사이에 통용되는 만고불변의 진리일 텐데…, 세상 많은 곳에서 서로 인정하며 공존하지 못하는 현실은 안타깝기만 하다.

역시 진실은 멀고 진실에 이르는 길은 가파르다.

카트만두 시내 서쪽으로 2km 정도 떨어진, 녹음에 둘러싸인 언덕 꼭대기에 하얀 스투파 하나가 있다. 네팔에서 가장 네팔다운 불교사원이자, 카트만두 여행 일정의 마지막 장소인 쉬염부나트 사원이다. 카트만두 시내가 한 눈에 내려다보인다는 이곳은 보우더나트 사원과 같은 시기인 15세기에 세워졌다고 전하는데, 그 분위기는 사뭇 달랐다. 사원 입구부터 줄줄이 늘어서 호객 행위를 하는 상인들은 우리나라 유원지에서 기념품을 파는 이들과 비슷한 모습이었다. 파는 물건도 네와르인들의 전통공예품이나 불교용품들보다는 조악하게 네팔의 유적지가 프린트된 안내책자나 엽서 종류가 더 많았다. 게다가 발걸음을 옮겨 다른 곳으로 이동해도 포기하지 않고 따라붙는 집요함까지…. 아마도 카트만두 시내가 한 눈에 보인다는 위치적 특성 때문에 외국인 관광객이 많아 자연스럽게 형성된 습관인 듯했다. 이곳은 원래 원숭이가 많기로 유명하여 몽키 템플(Monkey Temple)이라고도 한다는데, 우리가 찾은 때는 비가 많이 내리는 계절이라 그리 많은 무리는 보이지 않았다.

상인들을 피해 서둘러 들어선 사원의 위용은 실로 대단했다. 스투파 주변에 화려하게 늘어진 오색만장 뒤로 카트만두 시내가 한 눈에 내려다보이는 전망대, 수행자들이 이용한다는 돌계단으로 된 수천 개의 돌계단 참배도로까지, 그냥 사원이라고 말하기에는 너무나도 아름답고 웅장한 모습이었다. 오랜 역사를 지닌 사원답게 경내에는 스투파 외에도 여러 가지 건물이 있었는데, 특히 스투파 바로 양 옆에 서 있는 인도 시카라 양식의 불탑은 쉬얌부나트 사원이 다른 사원들과 다른 독특한 느낌을 받게 해주었다. 하지만, 이곳이 네팔에서 가

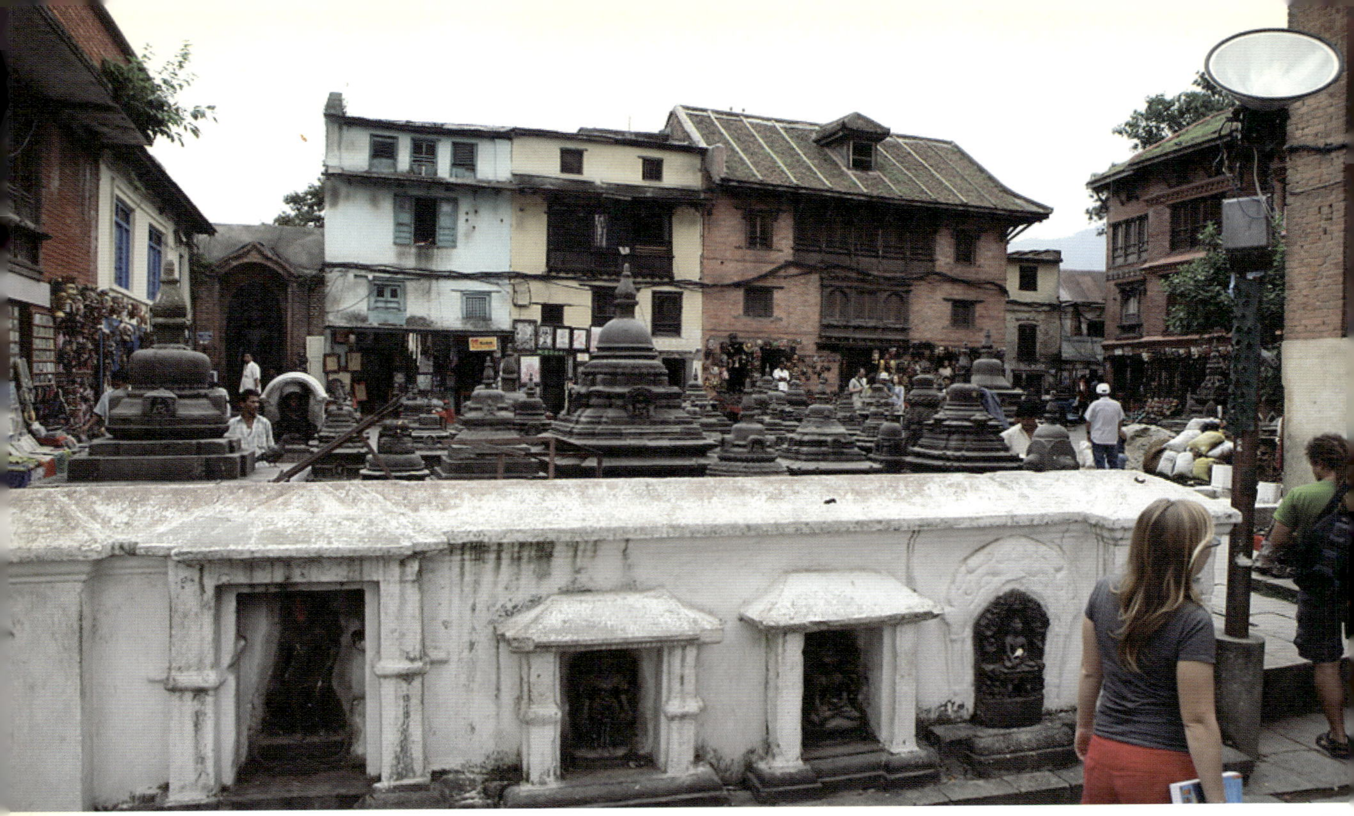

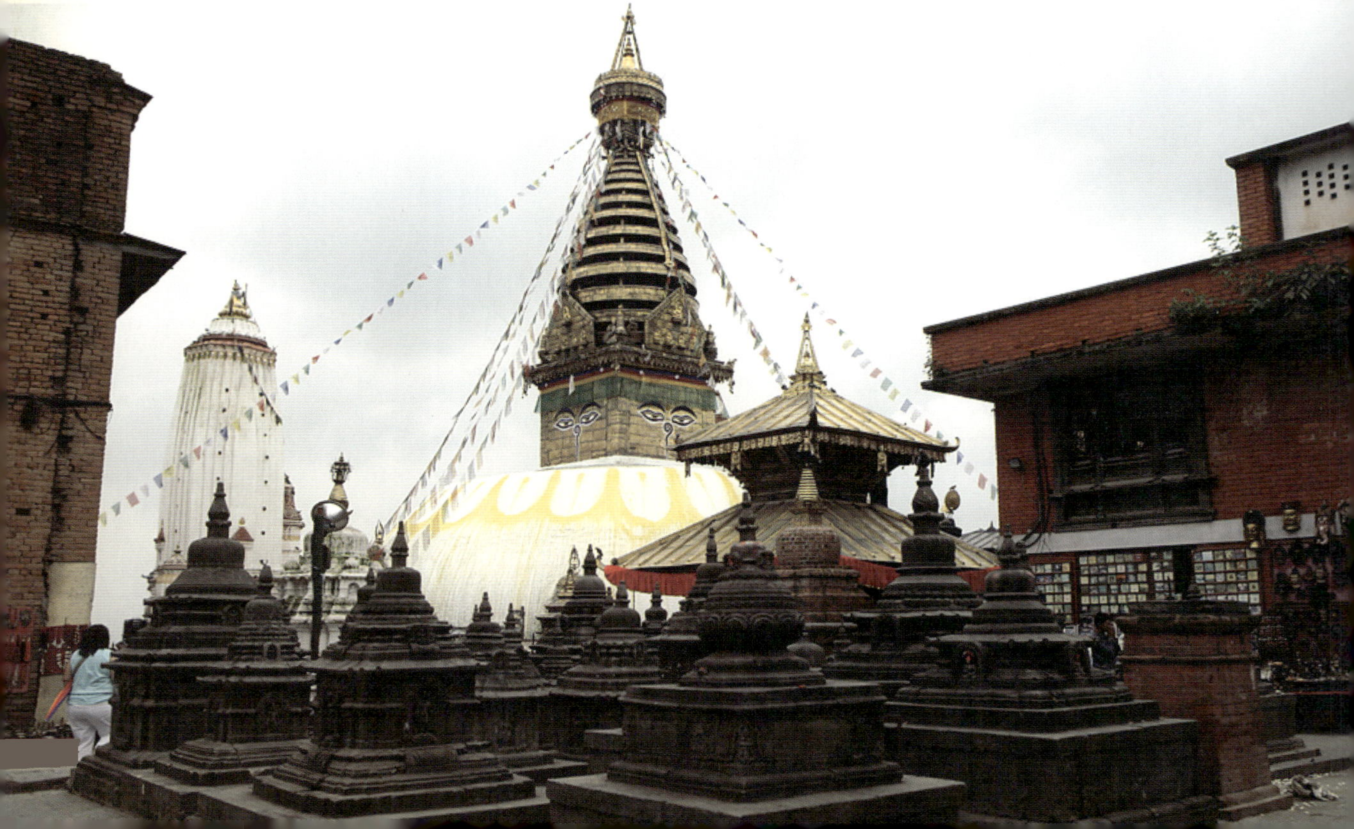

장 네팔다운 사원으로 불리는 건 다른 이유 때문이었다. 그건 스투파 오른쪽 순례자 숙소 앞에 있는 힌두교 건축물들. 힌두교의 여신 강가와 야무나 상이 오랜 불교 사원 옆에 버젓이 위용을 뽐내고 있는 것이었다. 도심 인접한 곳에 불교와 힌두교 사원이 나란히 있는 게 아니고, 불교사원 자리에 힌두교의 여신상이 버젓이 한 자리를 차지하고 있다는 것이 나의 상식으로는 잘 납득이 되지 않았다. 마치 유서 깊은 절터에 성모마리아 동상이 서있는 모양이랄까! 아무튼 종교적인 다면성과 다름에 대한 인정과 공존문화를 잘 반영하는 네팔의 진정한 모습이 아닐 수 없었다.

쉬염부나트의 스투파는 보우더나트의 그것에 비해 비록 그 규모는 작았지만, 주변의 화려한 힌두, 불교 사원들과 더불어 조화로운 아름다움을 자아내고 있었다. 낮게 깔린 구름이 우울한 오후, 카트만두 분지의 가장 높은 곳에 위치한 쉬염부나트 사원에는 부처의 몸에서 뿜어져 나왔다는 오색서광을 상징한다는 오색만장 사이로 티베트 승려가 탑돌이를 하고 있었고, 나름대로는 정성을 다해 정갈하고 곱게 차려입은 몇 명의 여인들도 탑돌이를 하고 있

다. 나처럼 빗속을 여행 중인 몇 명의 여행객들도 호기심 어린 눈으로 마니차를 돌리는 모습도 보인다. 나는 그들을 뒤로 하고 사원 전망대에서 카트만두 시내를 내려다보았다. 처음 이곳에 왔을 때 비행기 상공에서 보았던 옹기종기 모여 있는 갈색 빛깔의 집들이 내 시야에 들어왔다. 하지만, 이것들은 처음에 느꼈던 예쁜 구도의 수채화 같은 풍경만은 아니었다. 다닥다닥 붙어있는 같은 색깔의 집들은 사실 같은 집들이 아니라, 다른 집들과 다른 건물들과 다른 사람들이 모여 조화롭게 하나의 색깔을 만들고 있는 것이었다. 그것은 무수히 많은 종교와 무수히 많은 사고방식을 가진 네팔 사람들이 네팔이라는 이름 하나로 모여 살아가는 하나의 방식이었고, 그들이 그 어느 부유한 나라들보다 부유한 마음으로 살아갈 수 있는 비결이었다. 스투파의 꼭대기에 새겨진 부처의 지혜의 눈이 카트만두 시내를 내려다보고 있었다.

퍼슈파티나트[화장터, 힌두사원]

네팔 힌두인들의 최고의 성지로 갠지스 강 상류에 있다. 관광객에게는 시신을 태우는 화장터로 잘 알려져 있다. 퍼슈퍼티는 시바신을 일컬으며 2층 사원은 힌드교도 외에는 출입이 금지된다. 시바신 외에도 다른 신들의 형상, 성소, 사원이 많다. 시바신의 첫째 부인에게 바쳐진 구해쉬리(Guheswari)사원은 여성의 권리를 표현하는 것이라고 한다. 또한 붓다(Buddha, 6세기)와 브라흐마(Brahma, 8세기)의 형상 및 수많은 사원이 모여 있다.

보우더나트[티베트 불교사원]

반구형의 기단 크기만 36m가 되는 남아시아에서 가장 큰 스투파 중 하나로 티베트 불교의 영향을 받았다. 이 사원은 고대 티베트의 통상무역로에 위치하여 티베트 상인들이 수세기동안 살던 곳이었고, 1950년대에는 티베트 망명자들의 거주지로, 네팔 속의 작은 티베트라 할 정도로 티베트의 골동품은 물론 전통술과 전통 음식을 맛볼 수도 있다.

쉬염부나트[최고最古 불교사원, 몽키템플]

쉬염부나트는 '스스로 존재함(Self existent)'의 뜻이란다. 네팔에서 가장 오래된 사원으로 2000년 전 석가모니가 깨달음을 얻을 시기와 비슷한 시기에 세워졌다고 하며, 엄청나게 많고 가파른 돌계단 위에 있는 스투파이다. 불교인들은 스투파를 한 바퀴 돌면 불경을 1천 번 읽는 것만큼의 공덕을 쌓는 것이라 하며, 스투파 옆에 있는 기도용 마니차를 돌리는 순례자들, 티베트인, 참배객들로 항상 북적인다. 또한 외국 관광객들에게는 야생원숭이가 너무 많아 몽키 템플(Monkey Temple)이라는 이름으로 더 유명하다.

(주)네팔투어(www.nepaltour.co.kr) 제공

네팔 전통음식점

카트만두를 떠나기 전날 밤, 고추장과 김치가 없으면 식사를 못 하시는 아버지의 토종 식성 때문에 네팔 음식다운 음식을 한 번도 맛보지 못한 나는 적어도 한 번쯤은 전통음식을 맛봐야 한다고 강력히 주장했다. 아버지는 역시 찜찜한 표정을 지으며 반색했지만, 우리는 결국 아버지를 위해 따로 고추장을 지참하고 카트만두에서의 마지막 저녁 식사를 위해 터멜지구의 한 네팔 음식 전문점으로 향했다.

카트만두의 대표적인 네팔 전통음식점답게 네팔 전통의상을 입은 직원이 입구부터 반갑게 우리를 맞이했다. 직원은 "나마스떼" 하고 두 손을 모아 공손하게 인사를 하더니 내 미간에 붉은색 점을 찍어줬다. 네팔 전통 의식(?)을 체험해보라는 의미인 듯싶었다. 붉은 점은 힌두교인들이 신을 경외하는 의미로 찍는 것이라는데, 난 힌두교인은 아니지만 색다른 경험에 기분이 나쁘지는 않았다. 하필이면 왜 붉은색 점일까 궁금해 지번에게 물으니 붉은색은 신이 좋아하는 색이라고 답한다.

붉은색을 좋아하는 신이라! 잘은 모르겠지만 힌두신은 꽤 열정적인 취향을 가진 듯싶었다. 두세 가지 나물에 닭고기, 익힌 쌀을 버무려 먹도록 나오는 네팔 전통음식은 솔직히 내 입맛에 딱 맞는 것은 아니었다. 평소에도 순대국 같은 음식을 좋아하는 내 입맛이 너무 토종

이라서 그런지는 모르겠지만, 맛보다는 그냥 경험해봤다는 것 자체에 의미를 두고 싶은 정도였다. 하지만, 식사 전 묘기에 가까운 모습으로 음료를 따라주는 여인의 퍼포먼스나 식사 내내 이어지는 전통 공연, 그리고 순박하고 평화로운 네팔의 분위기를 그대로 느낄 수 있다는 점 등을 생각해보면 이 도시를 떠나기 전 마지막 식사장소로 꽤 탁월한 선택이 아니었나 하는 생각이 들었다. 카트만두에서의 마지막 날 밤은 소박한 그들의 전통음식, 그리고 그들의 정겨운 춤, 노래와 함께 그렇게 깊어만 갔다.

TIP **네팔 음식**

네팔은 쌀을 주식으로 보통 하루 2끼의 식사를 한다. 농사를 짓는 농촌지역에서는 하루 3끼 식사와 2번의 간식(우리의 새참)을 먹기도 한다. 대표적인 식사메뉴는 '달밧(콩 스프), 밧(밥), 떨까리(야채반찬)이다. 전통적으로 손으로 밥을 먹는 것으로 알고 있지만, 최근에는 숟가락을 사용하는 사람들이 점차 늘고 있다. 달밧은 달과 떨까리에 밥을 잘 비벼져야 제 맛을 내는데 손으로 먹으면 제격이다. 네팔에서 주로 먹는 고기는 염소, 닭, 물소, 양, 돼지고기 등을 먹고, 힌두국가에서는 소를 신성시하여 소고기는 먹지 못할 뿐만 아니라 종교적, 신분적 이유로 먹을 수 있는 고기가 한정되어 있기도 하다.

주로 천통 음식으로 산각 지역주민들이 즐겨먹는 속티((Sɔktiwa, 밥에 토마토와 여러 가지 야채들을 섞어 만듦)와, 데도(Dhedo, 볶은 옥수수를 넣어 끓인 죽), 그리고 마수(Maasu), 기우(Ghiu) 등이 있다. 여행자는 네팔에서 특별히 먹는 음식에 제한은 없다. 서양식 요리, 중국, 티베트요리(모모(만두), 뚝바(국수종류), 짜우면(라면)과, 케이크, 파이, 샌드위치 등을 파는 빵집도 많고, 한국음식점은 현지인에게도 인기가 있을 정도로 여러 곳에 분포되어 있다.

(주)네팔투어(www.nepaltour.co.kr) 제공

▶ **카트만두를 떠나며!**

역사와 신과 과거와 현대가 공존하는 신비의 도시, 카트만두. 길모퉁이를 돌아설 때마다 새로운 사원이 등장하는 종교의 도시. 인공적이지도 화려하지도 않지만, 여행자의 기억에 특유의 빛깔을 새겨 넣는 신비의 도시. 복잡한 도로, 도심을 뒤덮은 매연과 먼지, 시끌벅적한 거리로 혼잡하지만, 이 모든 것이 나름의 조화를 이뤄 여행자에게 나쁜 기억을 선사하지 않는 도시. 단 며칠 동안이었지만 숨 가쁘게 돌아본 카트만두를 뒤로 하고 도시를 떠날 차비를 한다.

세계의 문화유산으로 지정된 유서 깊은 건축물 앞에서, 사뭇 심각한 눈으로 그 역사의 무게를 가늠해보는 관광객들과 그런 시선은 아랑곳하지 않는 듯 그 안에 한가롭게 누워 낮잠을 자고 있는 개들이 공존하는 아이러니한 도시에서 며칠 동안 내가 봤던 것은 무엇이었을까? 며칠간의 기억들이 파노라마처럼 스쳐 지나간다.

쉬염부나트 사원 앞에서 관광객들을 상대로 갓난아이를 업고 구걸을 하는 여인의 지치고 노곤한 눈동자, 터멜 지구에 늘어선 상점들에서 종잡을 수 없을 정도로 오르락내리락 하며 가격을 흥정하는 상인들의 갈갈한 음성, 전통식당에서 춤과 노래를 하는 곱상하게 생긴 젊은 남자의 카랑카랑한 목소리, 파턴 광장 왕궁 앞에서 말끔하게 제복을 차려입고 보초를 서

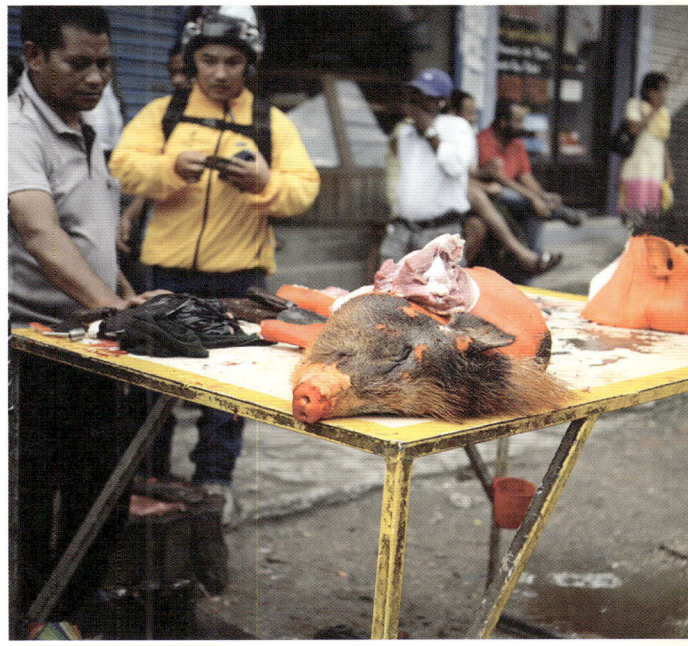

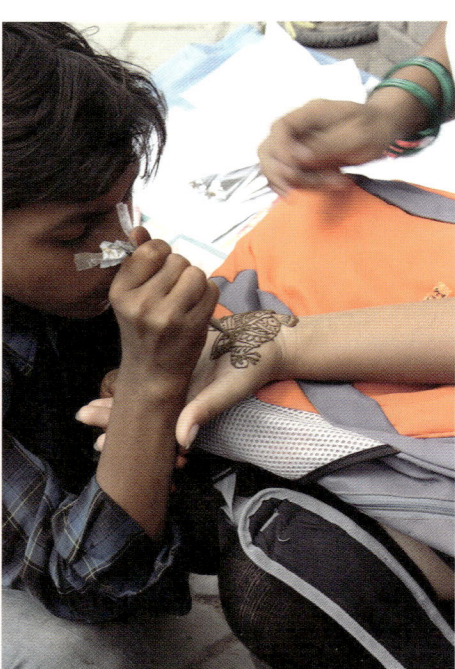

던 경계병의 당당한 눈매, 터멜 지구 거리에서 행인들을 상대로 헤라를 새기던 어린 소녀들의 가느다란 손목, 카트만두 시내에서 카메라를 들고 가는 내 바지자락을 붙들고 "포토! 머니!"를 외치며 구걸하는 어린 아이의 절박함(그 아이는 한사코 자기 사진을 찍으면 돈을 내야한다며 구걸했다), 파턴 거리에서 사진을 찍는 대가로 2루피를 드린 90세의 할아버지의 여유로운 웃음까지….

카트만두는 마치 만화 '검정고무신'에 나오는 장면들처럼 어렵지만 순박했던 우리의 옛날 모습과 많이 닮아 있었다. 그래서 이 도시는 여행자들에게 '검정고무신'을 볼 때 느껴지는 감정처럼, 정겨움과 아련함을 동시에 선사한다. 하지만, 나는 노트 마지막장에 마침표 대신 쉼표 하나를 찍어둔다. 짧은 기억으로 이곳을 규정하기보다는 언젠가 다시 이곳을 찾아 길고 넉넉한 호흡으로 다시 이들을 만날 여지를 남기기 위해서이다. 첫 경험의 설렘이 익숙하지 않은 것에 대한 두근거림이라면 다음에 찾은 이곳은 나에게 어떤 설렘을 선사할지…. 떠나는 나의 뒤편에서 아른거리는 도시의 수수한 빛깔에 괜히 눈이 시리다.

*03 신들이 사는 영험의 땅, 히말라야

하늘 끝에 닿을 듯 거대하게 치솟은 산들 밑으로
산맥 전체를 휘감고 있는 운해는
신들과 인간의 경계선이다.

그 모호한 경계 사이를 걷다 보면
인간의 영역도 신의 영역도 아닌, 중간 계를 끊임없이 떠도는
방랑자가 된 듯한 착각에 빠져든다.

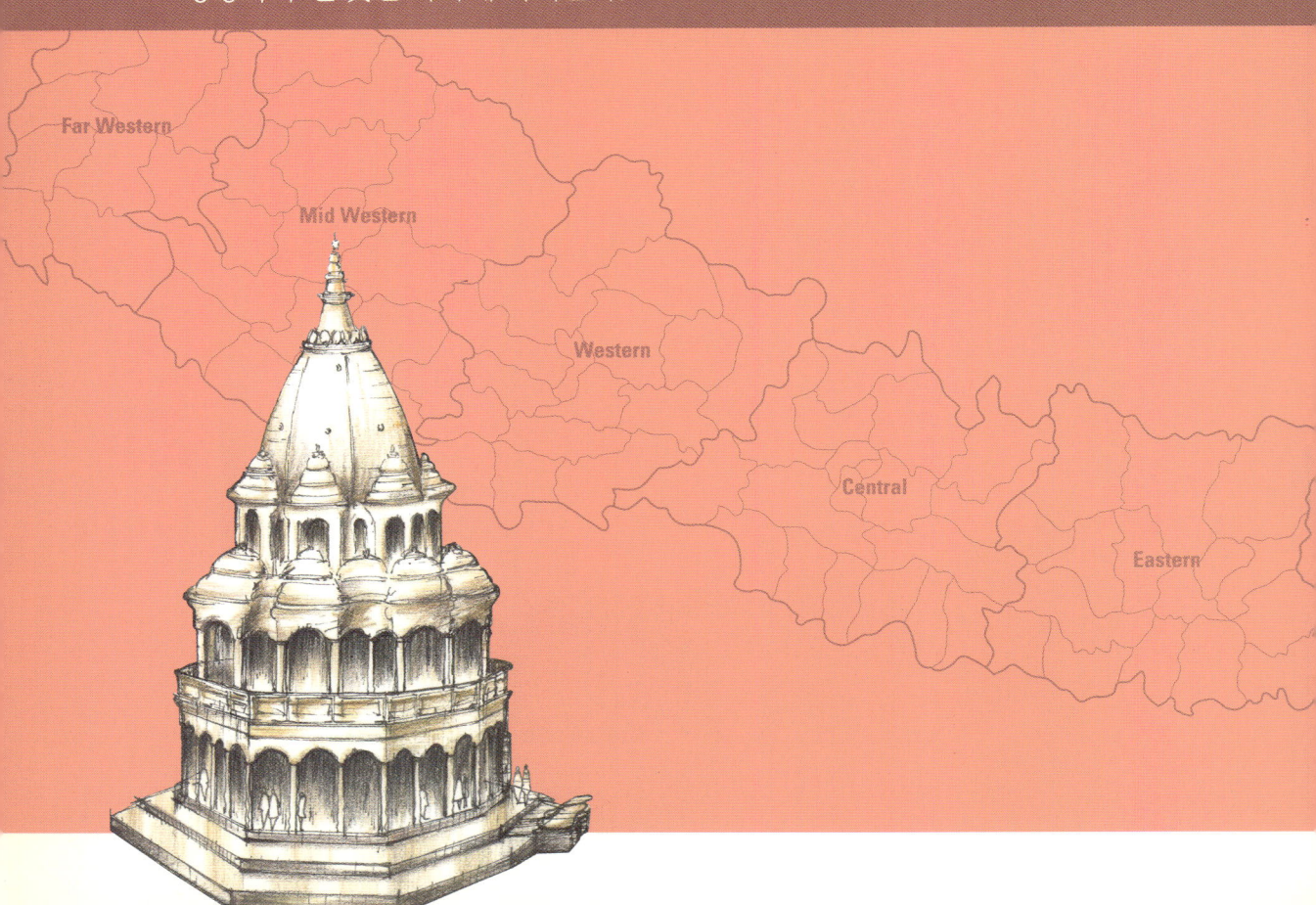

 01 시간이 멈춘 도시, 벅터푸르

지번이 사는 마을

"동생, 차로 20분만 가면 내가 사는 곳 나와요. 집에서 옷만 갈아입고 바로 나올게요."
카트만두 시내 관광을 마치고 히말라야 트레킹을 위해 포카라 지역으로 떠나기 전 지번이 자신의 집에 잠시 들를 것을 요청한다. 지번은 카트만두에서 15km 정도 떨어진 벅터푸르라는 곳에 살고 있었다. 지번의 요청에 일정에 없는 것이었지만 내친 김에 그곳 마을도 잠시 들려보려는 계획을 집어넣었다.

시끌벅적한 카트만두 시내를 빠져나오니 푸른 밭이 펼쳐진 전원마을이 모습을 드러낸다.
지번이 사는 벅터푸르의 외곽 마을은 잘 정비된 시골 풍경과 닮아 있었다.

우리나라로 따지자면 서울 근교 신도시의 전원주택쯤 될까. 한가롭게 펼쳐진 밭들 사이로 개량된 양옥집들이 말끔하게 자리하고 있다. 지번의 집은 1층에 상가가 있는 3층짜리 양옥집이었다. 카트만두에서는 좀처럼 보기 힘든 새집이었는데, 이곳의 집들이 대부분 지번의 집처럼 새로 지어진 집들이었다. 여기저기 공사를 하고 있는 모습도 보였다.

지번이 집으로 들어간 사이 차 안에서 잠시 휴식을 취하고 있는데, 옆 빈 공터에서 국기원이라고 쓰인 태권도복을 입은 아이들이 태권도 연습을 하고 있는 것이 보였다. 반갑기도 하고, 호기심도 발동해 원조 태권도를 한수 가르쳐줄까 생각해보는데 지번이 어느새 옷을 갈아입고 나온다.

맙소사! 정말 옷만 갈아입고 나왔는지, 지번은 집에 들어간 지 5분도 채 되지 않아 말끔한 모습으로 차로 돌아왔다. 아쉽지만, 태권도 강습은 다음 기회로 미루기로 하고 벅터푸르 시내로 향했다.

▸ 18세기의 거리

벅터푸르 시내는 작은 도시 전체가 유적지로 온통 검붉은 벽돌들이 빽빽하게 늘어서 있는 아주 오래된 도시였다. 관광지라고는 하지만 카트만두처럼 여행객도 많지 않고 번잡하지 않아 중세 도시의 고즈넉함이 그대로 남아있었다. 마치 오랜 기간 그 형태를 유지하는 유럽의 고도시를 보는 느낌이었다. 벅터푸르는 카트만두, 파턴과 더불어 멀러 왕조 시대 3왕국의 수도 중 하나였고, 15세기부터 18세기까지 최대 전성기를 누리며 네와르 문화와 함께 크게 번성했던 도시였다. 카트만두나 파턴이 세계적인 관광지로 급부상하며 빠르게 근대적 도시화가 이루어진 반면, 벅터푸르는 도시화의 바람을 타지 않아 옛날 모습이 대부분 그대로 남아 있었다. 카트만두가 과거 왕조의 찬란한 유적과 최근 근대화된 도시의 모습이 공존하는 곳이라면, 이곳 벅터푸르는 찬란한 과거의 왕국과 자연환경이 그대로 조화를 이룬 도시였다. 사람들은 지번처럼 주로 도시 외곽 마을에 거주하기 때문에 도심에서는 변화가 거의 없이 시내 전체가 왕국 시대의 건축물들로 가득하다. 마치 시간이 18세기 화려했던 멀러 왕조 시대에 그대로 멈춰버린 것처럼 말이다.

MONEY
EXCHANGE

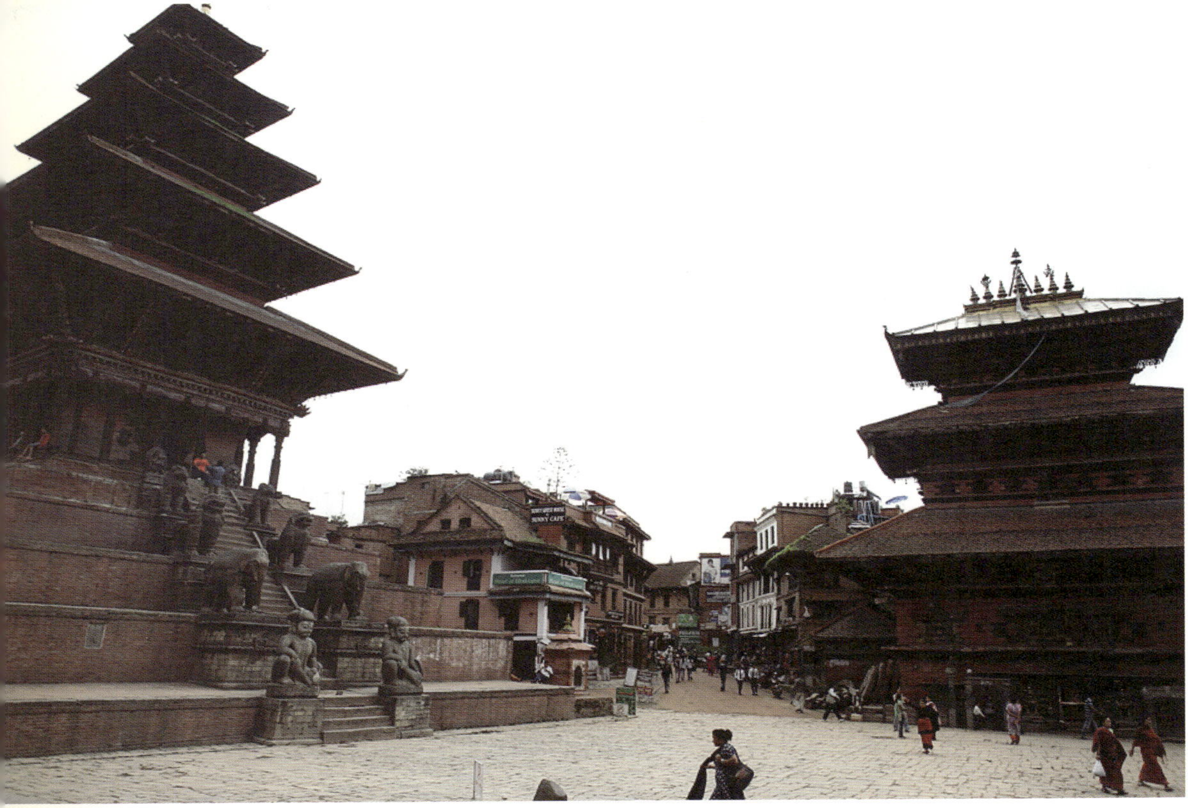
SUNNY CAFE

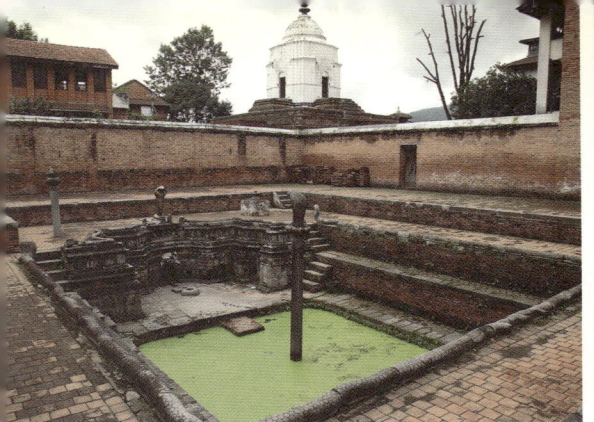

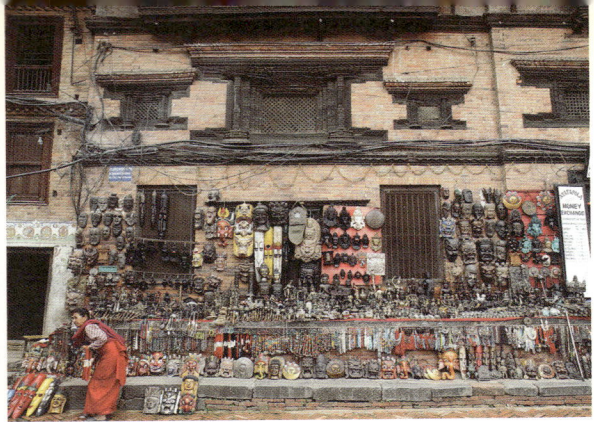

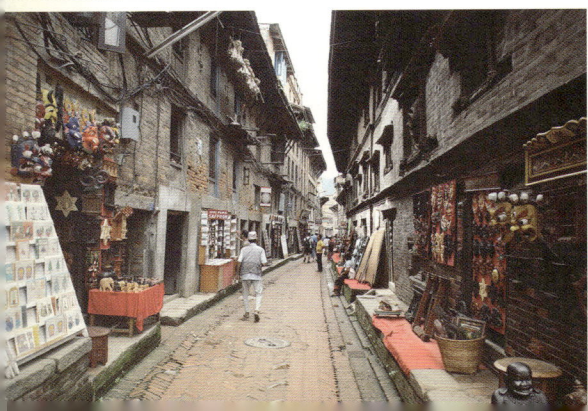

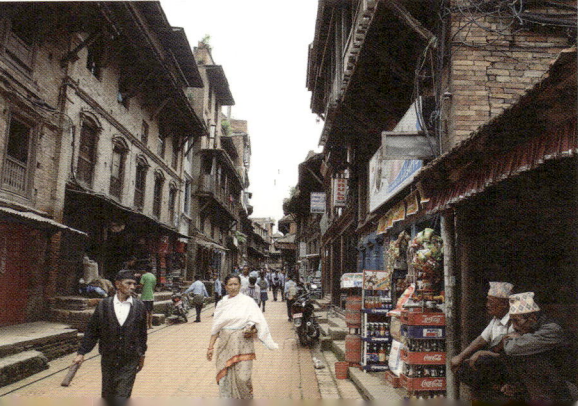

지번은 이곳 벅터푸르에서 놓쳐서는 안 될 볼거리가 있다며 성큼성큼 앞장서 걸어갔다. 예로부터 목공예 기술이 발달한 네와르족의 예술적인 재능이 집약적으로 표현된 목조각이 있다는 것이었다. 우리는 네와르족의 혼을 만나기 위해 마치 타이머신을 타고 왕조 시대를 거슬러 올라가 과거를 탐험하듯, 벅터푸르의 오래된 건물들 사이사이의 골목들을 누벼가며 한참을 헤맸다. 그리고 드디어 멈춰선 작은 건물 앞. 건물은 의외로 우리나라의 다세대 주택 건물처럼 작고 평범했다. 약간의 실망감에 두리번거리며 건물을 살피는데 지번의 손가락이 작은 나무 문양을 가리킨다. 나무 문양은 공작 모양이 새겨진 작은 창처럼 생겼는데, 자세히 보니 공작 주변에 화려하게 조각된 문양이며 공작의 깃털까지 표현한 섬세한 묘사가 다른 어느 나라 목조각에 비해도 손색이 없이 아름다웠다. 하지만, 이 공작 문양은 아쉽게도 이곳에 있는 것 하나만 빼고 모두 훼손됐다고 했는데, 이것 역시도 특별히 잘 보존되고 있다는 느낌이 들지는 않았다. 앞으로 네팔에서 얼마나 오랫동안 이 공작 문양을 볼 수 있을까 하는 약간의 걱정이 되기도 했다.

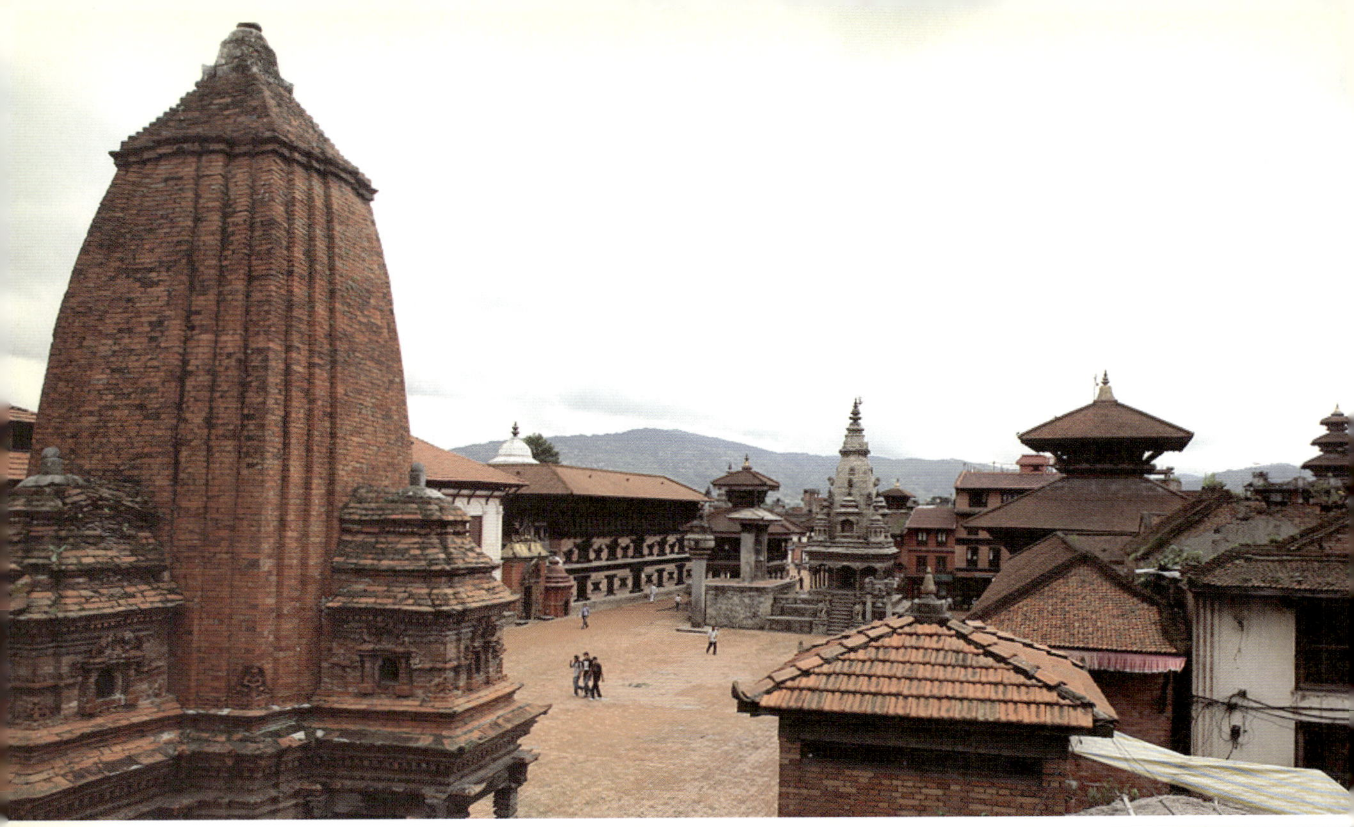

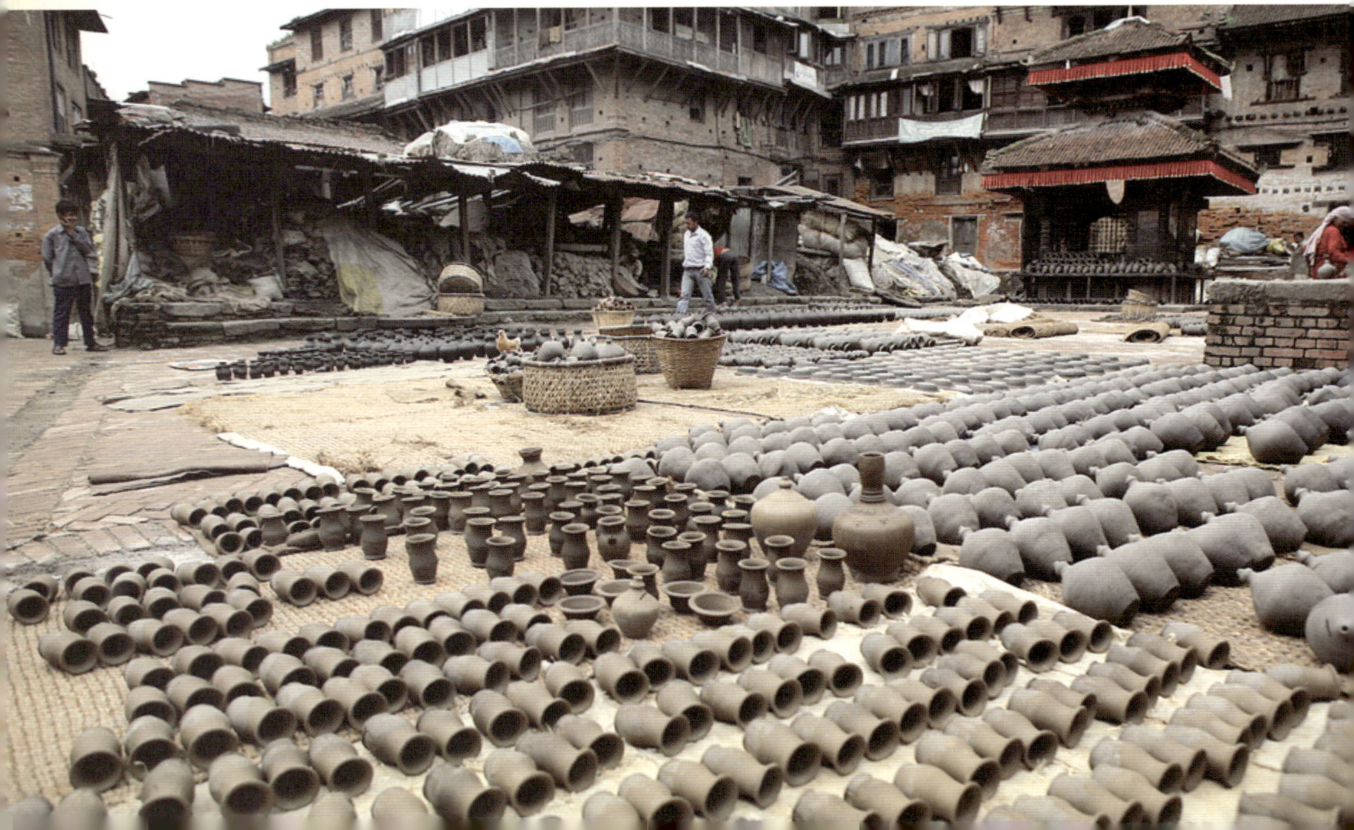

거리 뒷골목에 몇 명의 남자들이 구슬땀을 흘리며 왕국 시대의 방식 그대로 도기를 만들고 있었다. 지번은 이곳이 벅터푸르 안에 있는 티미 마을이라고 설명한다. 티미는 오랜 역사를 지닌 마을로 멀러 왕조 이전 시대까지 거슬러 올라가 16세기에 세워진 곳이라고 했다. 이 도기들 역시 그 당시부터 내려오
던 전통적인 방식인 초벌구이로 만들어지는 것이었는데, 소박한 모양의 도기가 우리나라의 옹기와 비슷했다. 이 옹기는 냉장고가 없는 서민들이 물을 보관하는데 쓰이는 유용한 물건이란다. 그 옆에는 멀러 왕조 시대의 왕이 먹었다는 요구르트를 만드는 가게도 있었다. 왕이 먹었다는 요구르트는 어떤 맛일까! 호기심에 그곳에 들어가 직접 맛을 보았다. 걸쭉하고 고소한 것이 요즘 우리나라에서 파는 고급 요구르트와 비슷했다. 정말 당시의 맛을 그대로 재현한 것인지는 알 수 없었지만, 18세기에 먹었던 요구르트의 맛이 현재 우리나라의 것과 비슷하다면 당시 발효음식 제조기술이 상당히 발달했었음을 알 수 있었다.

이곳은 여러 모로 도시 전체가 민속촌에 온 것처럼 과거의 공간 같은 느낌을 주었는데, 교복을 입고 벅터푸르 시내를 오가는 학생들만이 이곳이 21세기에 존재하는 도시라는 사실을 입증하고 있었다.

🟢 네팔의 학생들

벅터푸르 시내 중심부의 한 건물 마당에 교복을 입은 학생들이 도열해 있었다. 한 고등학교에서 때마침 방학식을 치고는 있었다. 지겨운 학기를 끝나고 방학을 맞이한다는 마음에 약간 들떠있는 모습은 우리나라의 학교와 별반 다르지 않았다. 학교 얘기가 나와서 지금에야 하는 말이지만, 솔직히 말해 이곳에 온 뒤 거리를 지나는 네팔의 여학생들은 상당한 미모를 자랑한다. 기본적으로 계란형의 작은 얼굴에 눈도 커다랗고 전체적으로 이목구비도 또렷한 것이 연예인 뺨치는 외모가 대부분이다. 그렇다고 뭐 어쩌자는 것은 아니고(?) 아무튼, 지번도 자녀가 있다는 말을 들은 적이 있어 네팔의 교육제도에 대해 물었다. 다른 질문에는 구술 면접에 답하듯 사무적으로 말하던 지번은 네팔의 교육제도에 대해 묻자 약간 격앙된 듯, 목소리 톤이 높아졌다. 지번도 예외 아닌 열혈학부모였던 것이다.

네팔의 교육제도는 1학년부터 5학년까지 초등학교, 6, 7학년이 중학교, 8학년부터 10학년까지가 고등학교로 되어 있다고 했다. 만 4세가 되면 초등학교에 입학하는데, 입학 후 3학년까지는 교과서를 비롯한 수업료 전액이 면제된다고 했다. 하지만, 대도시를 제외하면 5년제 학업을 마치고 초등학교를 졸업하는 학생은 전체의 1/3도 되지 않는다고도 했다. 가정의 경제적인 빈곤이 가장 큰 원인이었다. 비라트너거르의 소녀 산티 같은 아이들이 대부분이었던 것이다. 아무튼 그나마 고등학교를 졸업해도 외국 대학에는 입학자격이 없기 때문에(대부분의 대학은 입학 전 고교과정까지 12년의 학력이 필요한데, 네팔에서 고등학교까지의 학력은 10년) 국내 대학에서 적어도 2년 동안은 재학해야 외국 대학에 진학할 수 있다고 했다. 네팔의 경제 사정을 고려하면 결코 쉽지 않은 일이었다. 게다가, 네팔 자국 내에는 관광산업을 제하고는 딱히 산업이랄 것이 없어 네팔 자국 출신의 고학력자를 산업인력으로 소화할 수가 없는 형편이었다. 그러니 아예 교육 자체를 포기하는 악순환이 계속되고 있는 것이었다.

지번은 만 3세에 불과한 자신의 아이를 벌써부터 사립학교에 보내고 있다고 했다. 네팔의 교육제도에만 의지했다가는 아이의 희망을 보장받을 수 없는 현실을 잘 알고 있기 때문인 듯했다.

"네팔에 취직할 곳 없어서 젊은 사람들 외국에 일하러 많이 나가요. 하지만, 어려워요. 열심히 돈 벌어서 우리 아이 외국에서 공부시킬 거예요."

네팔의 교육제도

◐ 네팔의 기본교육
네팔의 학제는 5+5+(2)이다. 초등학교 5년, 중.고 과정 5년, 대학 과정 2년이 더해진다. 그래서 네팔의 대학(2년)을 졸업해도 교육 년 수가 12년이기 때문에 외국 대학의 '대학원과정'에 바로 진학할 수가 없다. 이전에는 10+4(14년)년이었다. 10학년을 마치면 고등학교 졸업 자격시험인 SLC(School Leaving Certificate)를 보고 그 성적으로 대학에 진학하는데 떨어지면 졸업이 인정되지 않아 붙을 때까지 시험을 본다고 한다. 카트만두에 가장 규모가 큰 1개의 국립대학(Tribhuran 대학, 전국에 100여개 캠퍼스)이 있고 종합대학이며, 선스크리트(머헨드러대)대, 뿌르반쩔대, 포카라대가 국립대이고, 룸비니대학은 국립대로 곧 오픈될 예정이라고 한다. 카트만두대는 사립대학이다. 전국 학생 수는 총 20만 명 정도라고 한다.

◐ 네팔의 학비
네팔의 학교는 SLC 성적으로 평가되고, 일반 공립학교에 비해 시설과 교육진이 우수한 다아질링의 사립학교와 카트만두에 소재한 영어 명의 사립학교들이 최고의 학교로 평가되고 있다. 공립학교의 학비는 원래 무상이지만 육성회비의 개념으로 월 100루피 정도인데 비해, 사립학교(boarding school을 사립학교라고 한다)는 보통 월 3,000루피가 넘는다. 일반인의 월 평균 2,500루피의 수입으로 볼 때 사립의 학비는 엄청 비싸다. 사립학교는 영어와 컴퓨터 교육을 실시하고 사립학교 졸업 후에는 일부만 외국 유학을 가는데 다수는 국내 대학을 간다고 한다.

02 히말라야로 가는 길

▶ 미리 만난 히말라야, 너거르코트 전망대

해발 2100미터에 위치한다는 너거르코트로 가는 길은 험준했다. 우리나라의 대관령 고개가 평탄하게 느껴질 정도였다. 마치 포뮬러 경기장 트랙을 연상시키듯 비정상적으로 굽이진 길을 힘겹게 오르는데 건너편에 지붕까지 빽빽하게 승객을 실은 버스가 지나간다. 카트만두 시내에서 봤던 것과 비슷한 모습이었는데, 문제는 버스가 달리는 길이 시내의 도로가 아니라 높은 산 속 굽이굽이 휘감고 있는 험준한 길이라는 점이었다. 지번에게 사고의 위험이 없느냐고 물으니, "사고 많이 나요. 죽는 사람도 많아요." 라고 간단하게 대답한다.

마치 밥 먹었냐는 물음에 그렇다고 하는 것처럼 말이다. 만약 우리나라에서 저런 버스를 타다 사람이 떨어져 죽기라도 했다면 나라 전체가 발칵 뒤집어질 것이 뻔한 일이고, 또 당연한 일일텐데, 가난한 나라에서는 목숨마저 경시되는 것같이 느껴져 기분이 조금 씁쓸했다.

한참을 달린 자동차가 작은 초소 앞에 멈춰 선다. 초소에서 통행료를 징수하는 모양이었다.

지번에 따르면 예전에는 통행료 없이 그냥 다니던 것이, 최근 들어 영화촬영을 위해 이곳을 지나는 외국에서 온 차량들이 많아지면서 수익사업으로 통행료를 받기 시작했다고 했다.
금방이라도 비를 뿌릴 듯 잔뜩 낀 먹구름을 뚫고 굽이굽이 이어진 길을 따라 한참을 올라가자 신기하게도 먹구름 위로 맑은 하늘이 모습을 드러낸다. 지나온 길 아래쪽을 보니 여전히 짙은 먹구름으로 가려 한 치 앞도 내려다보이지 않는다. 우리가 탄 자동차가 구름을 뚫고 올라온 것이었다. 구름 위의 전망대라! 가히 그 높이를 실감할 수 있는 너거르코트는 히말라야의 아름다운 전경을 한 눈에 볼 수 있는 곳으로 알려져 있다. 동쪽으로 히말라야 능선이 넓게 펼쳐져 있고 랑탕 지구의 에베레스트에 있는 산들까지 내려다보인다는 곳, 너거르코트. 네팔 제1의 전망대로 통하는 이곳에 오르면 세계의 지붕 히말라야를 만날 수 있다고 했다.
'히말라야를 만난다. 세계의 지붕을 만난다. 세계의 지붕 히말라야를 만난다.'
주문을 외듯 되뇌이는 사이 자동차는 너거르코트 정상으로 향하고 있었다.

구름인지(!) 안개인지(!) 높은 곳애 신비롭게 느껴지던 호텔 앞

너거르코트 정상에 위치한 호텔의 초입에 이르자 기념품을 파는 상점들과 상인들이 보인다. 상점에 진열된 과자 봉지가 높은 고도 탓에 팽팽하게 부풀어 있었다. 상인들은 차로 다가와 "재패니즈?" "코리아?" 하고 묻는다. 네팔 최고의 전망대답게 외국의 관광객들이 자주 오는 모양이었다. 나는 창문을 열고 "사우스 코리아"라고 답한다. 난 엄연한 한국인이니까, 너무나 당연한 대답이다.

입구와는 달리 호텔 내부는 너무 조용했다. 실내에 작은 수영장까지 겸비된 고급 호텔이었는데, 관광객이 잘 찾지 않는 우기여서인지 우리 이외의 여행객은 보이지 않았다. 뭐, 산중에서 조용하게 경치를 즐길 수 있어 좋았지만, 원래 뷔페식으로 마련된다는 식사는 할 수 없었다. 가뭄에 콩 나듯 방문하는 손님을 위해 뷔페를 준비해놓을 수는 없으니…, 우리는 하는 수없이 따로 식사를 주문해야 했는데, 해발 2,100m에 위치한 그 넓은 호텔 식당에서 우리끼리만 하는 저녁 만찬도 그리 나쁘지는 않았다.

여행중 저녁때마다 숙소에서
카메라와 외장하드 충전을 늘 챙긴다.

식사를 마치고 방으로 들어가 창문을 열고 테라스로 나갔다. 신기하게도 이 호텔 객실의 모든 테라스가 한쪽 방향으로 향해 있었다. 여행객들에게 랑탕 지구의 히말라야 전경을 감상할 수 있도록 배려한 것이었다.

안개비가 스산하게 깔린 테라스 의자에 앉아 랑탕 지구 히말라야 산맥을 향해 시선을 던져본다. 해지는 노을녘, 장엄한 풍광이 눈앞에 펼쳐진다. 시선 아래쪽으로 끝없이 펼쳐진 운해는 내가 서 있는 곳이 하늘인지 땅인지 경계를 모호하게 만든다. 신이 사는 곳과 인간이 사는 곳의 중간쯤. 하늘과 땅의 경계, 저 멀리 구름 사이로 히말라야의 설산이 조심스레 모

짙은 안개 사이로 아주 잠깐 볼 수 있었던 석양빛으로 빛나던 히말라야 봉우리

습을 드러낸다. 신의 허락 없이는 온전하게 제 모습을 드러낼 수 없다는 듯 산맥의 일부만 드러낼 뿐이었지만, 그 웅장한 자태는 시선을 압도하기에 충분했다. 석양이 드리워 은빛, 금빛으로 변하며 시시각각 다른 빛을 발하는 히말라야 산맥과 아래쪽으로 끝없이 펼쳐진 검푸른 운해의 조화는 말로 형언할 수 없을 정도로 감동적인 장면을 연출하고 있었다. 하지만, 그것은 아주 짧은 시간 동안의 감동일 뿐이었다. 너거르코트에서 만난 히말라야는 이방인에게 오랜 시간 자신의 모습을 보여줄 수 없다는 듯, 곧 어두워지는 사위 속으로 사라지고 말았다.

다음날 아침, 너거르코트를 떠나기 전 호텔 옆에 위치한 전망대로 향했다. 전날 아주 잠깐 모습을 드러낸 히말라야 설산을 다시 볼 수 있을까 하는 일말의 기대감 때문이었다. 스산한

짙은 안개로 시야에 전혀 보이는 것이 없는 전망대

느낌까지 들 정도로 안개가 자욱한 길을 헤치고 전망대 꼭대기에 올랐다. 하지만, 시야엔 들어오는 것은 온통 안개뿐이었다. 장엄하게 위용의 히말라야는커녕 굽이굽이 이어졌던 크고 작은 산과 길들조차 보이지 않았다. 고지대라 바람이 심심치 않게 불어왔지만, 바람에 밀려난 안개 뒤로 끝도 보이지 않는 안개의 행렬이 뒤를 이었다. 사방 어느 곳을 둘러봐도 바로 눈앞에 보이는 것을 제외하고는 온통 회색빛이었다. 아무리 히말라야 설산에 대한 갈망이 크다고 하더라도 이런 상황에서는 불가항력이었다. 우리는 아쉬움을 남겨둔 채 전망대를 내려왔다. 하지만, 그 아쉬움은 결코 포기나 단념의 의미는 아니었다. 앞으로 경험할 히말라야 트레킹을 위해 잠시 미뤄둘 뿐이었다.

TIP 네팔의 기후

네팔의 기후는 우리와 마찬가지로 4계절로, 여름(3~5월), 몬순(6~8월), 가을(10~11월), 겨울(12~2월)이다. 여행에 좋은 시기는 가을인 9월말~12월로 날씨가 맑아 전망이 좋고 트레킹 하기에도 좋지만 추위에 대비한 두꺼운 복장을 준비하는 것이 좋다. 7, 8월은 본격적인 우기여서 비는 매일 한두 차례 오므로 잠시 비를 피하여 트레킹을 할 수 있고 만년설의 파노라마를 기대할 수는 없으나 화려한 신록의 정취를 느낄 수 있다. 우기에 1000~2000m 높이 정글지대의 거머리(네팔어, 주가)는 조심해야 한다. 복장은 트레킹을 하려는 사람들은 여름이 아니라면 얇은 옷과 두터운 옷을 같이 준비하는 것이 좋다.

- **고산지대(히말라야)** : 중생대에 형성(15%)
  에베레스트(8848m) ↔ 해발 4877m
- **구릉지대** : 610m ↔ 4877m, 네팔 전체면적의(68%)
  아열대·온대성기후 (카트만두)
- **평야지대(떠라이지역)** : 남쪽으로 인도와 접경(17%)
  열대성기후(2/3가 농토), 인구의 44%거주

네팔 주요도시 기온   월별 최고~최저기온 ℃

구분	카투만두	포카라	차트완
1월	19~2℃	20~8℃	24~7℃
2월	20~4℃	21~8℃	26~8℃
3월	25~8℃	27~11℃	33~12℃
4월	30~11℃	30~16℃	35~18℃
5월	30~16℃	30~19℃	35~20℃
6월	30~20℃	30~20℃	35~23℃
7월	30~21℃	30~21℃	33~24℃
8월	29~20℃	30~21℃	33~24℃
9월	27~19℃	29~20℃	32~22℃
10월	23~15℃	27~18℃	31~18℃
11월	23~4℃	23~18℃	29~12℃
12월	20~2℃	20~8℃	24~8℃

(주)네팔투어(www.nepaltour.co.kr) 제공·

▸ 히말라야 트레킹의 출발, 포카라

히말라야 산맥으로 트레킹을 떠나는 방법 중의 하나는 포카라 지역을 이용하는 것이다. 카트만두에서 서쪽으로 200km 쯤 떨어진 포카라는 히말라야에서 내려온 물로 인해 푸르름이 가득한 분지 마을이다. 연못을 의미하는 네팔어에서 지명을 따왔다는 포카라 지방은 아름다운 호수와 안나푸르나 산맥의 멋진 경치로 유명한 곳이다. 우리는 카트만두 공항에서 국내선 비행기를 타고 포카라로 향했다.

포카라 공항 옥상에 마련된 야외 상점의 벤치!
(음료들을 마음대로 가져다 먹은 후 나올 때 팁과 함께 계산을 한다).

신들이 살고 있다는 영험한 영토 히말라야. 신의 허락 없이는 이방인들에게 함부로 모습을 드러내지 않는다는 그 신비의 땅으로 향하고 있는 것이었다. 포카라에 가면 히말라야를 만날 수 있을까? 신들의 영토를 체험할 수 있을까?

충만한 기대감으로 비행기 밖 풍경들에 시선을 던져본다. 굉음에 가까운 소음을 내며 힘겹게 돌아가는 경비행기의 프로펠러 뒤로 구름들이 느리게 지나간다. 구름은 마치 망망대해의 파도처럼 서서히 일렁이다가도, 어느 순간 치솟는 연기처럼 수직으로 모양을 만들기도 했다.

간혹 운해 틈새로 빛줄기가 새어나오기도 했다. 그때였다. 난 순간 내 눈을 의심하지 않을 수 없었다. 끊임없이 펼쳐진 구름 뒤편에 희미하게 설산이 모습을 드러낸 것이었다.

저 멀리, 구름 뒤편의 희미한 모습이었지만, 내게는 바로 눈앞에 펼쳐진 것처럼 가깝게 느껴졌다. 찰나의 순간. 난 아주 잠깐 동안 허락된 이 광경을 놓칠 새라 정신없이 카메라 셔터를 눌러댔다. 그러나 곧바로 다시 구름 속으로 자취를 감춰버린 히말라야. 나는 그 아쉬움으로, 포카라로 향하는 내내 창 밖에서 시선을 거두지 못했다.

▸ 푸르름으로 가득한 도시

포카라 공항은 네팔 최고의 휴양지답게 작지만 깨끗했다. 공항 입구 벽면에는 포카라 주변 안내도가 마치 설악산 국립공원 입구의 안내도처럼 붙어 있어 정겨운 느낌을 주었다. 세련되진 않지만, 나름 관광지의 면모를 갖추었다고나 할까! 초등학생 시절 찾아다녔던 국립공원이 떠올랐다. 포카라 공항을 나와 자동차로 5분쯤 이동해 페와 호수 주변에 도

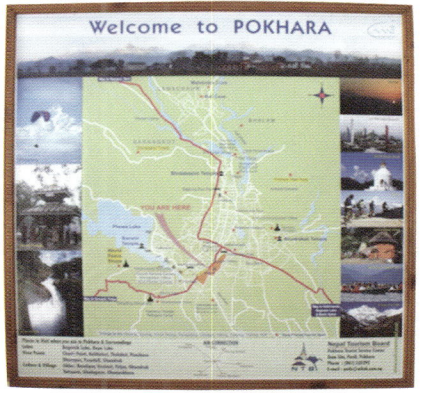

착했다. 이곳도 한 눈에 트레킹의 출발지다운 면모를 드러낸다. 작은 레스토랑, 호텔, 트레킹 용품점, 기념품 가게 등, 포카라의 중심부에 있는 페와 호수 주변으로 길게 형성된 도로 주변에는 각종 상점들이 늘어서 있다. 특이한 것은 이 상점들의 간판이 마치 이곳이 어느

DAFNNA
HOT SANDWICH
BEST SANDWICH
IN TOWN
HOTEL
LAKE PALACE (P) LTD.
Lakeside-6, Pokhara
P.O BOX-248 TEL.21027
호텔리버파크
한국호텔도보3분
영어안써서도되요~^^
Tel: 061-462756/464623
HOTEL RIVER PARK
AYURVEDIC
MASSAGE
ZORBA
RESTAURANT

나라인지 헷갈릴 정도로 다양한 언어로 이루어져 있다는 점이었다. 네팔어는 물론 영어, 일어, 인도어, 중국어, 한국어까지… 이곳이 세계가 주목하는 트레킹 명소임을 실감케 해주었다. 그 중에 하나 재미있는 것은 숙소와 식당을 겸한 한국 식당 간판이었는데, 한국말로 '영어 안 써도 됩니다.' 라고 적혀 있어서 실소를 자아냈다.

강변을 따라 거닐며 그 여유로움을 느껴보는데 어디선가 들려오는 피리 소리가 귓가를 맴돌았다. 소리가 나는 쪽을 보니 머리에 터번을 두른 남자 두 명이 상자를 안은 채, 피리를 불고 있었다. 내가 관심을 보이자 사내는 신이 났는지 더욱 큰 소리로 피리를 불었는데, 그러자 스르륵 상자 뚜껑이 열리며 코브라들이 튀어나왔다. 사내들은 "Very Safe! Very Safe!" 하며 나에게 뱀을 만져볼 것을 권했다. 물지 않으니 뱀을 만져보라는 것이었다. 좀 징그러웠지만 언제 또 이런 경험을 해볼까 싶어, 그들의 말을 믿고 커다란 뱀을 목에 걸쳐보았다. 축축하고 차가운 느낌이 찜찜했다. 뱀을 사내들에게 돌려주고 발길을 돌리려는데, 사내들은 나에게 돈을 요구해왔다. 일종의 뱀 체험료인 셈이었는데, 좀 비싼 느낌이 들어 가격을 흥정하려 하자 조금 전과는 정 반대로 "Very Dangerous Business!" 라고 주장하며 흥정을 거부했다. 매우 위험한 일이라 이 정도 비용은 지불해야 한다는 것이었다. 불과 5분도 안 돼 말을 180도 바꾸는 그들의 태도가 좀 우스웠지만, 색다른 경험에 대한 대가라 생각하고 흔쾌히 비용을 지불했다.

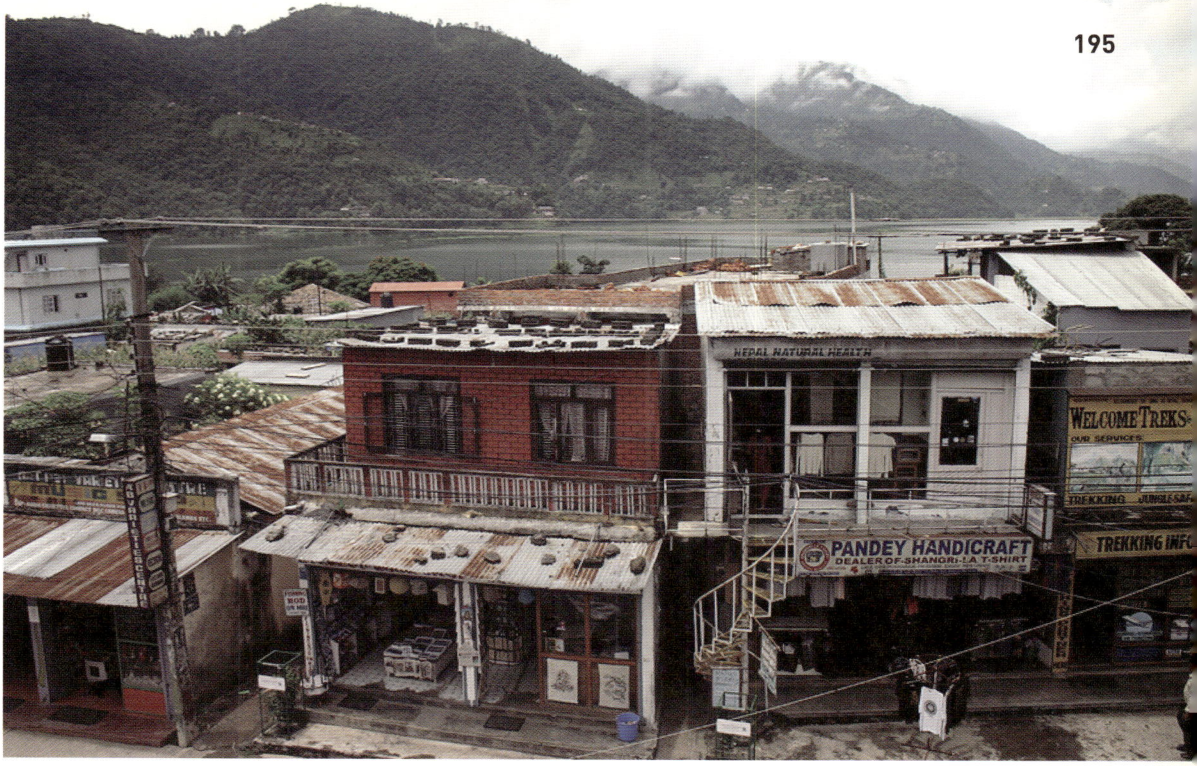
NEPAL NATURAL HEALTH
WELCOME TREKS
PANDEY HANDICRAFT
DEALER OF SHANGRI-LA T-SHIRT
TREKKING INFO

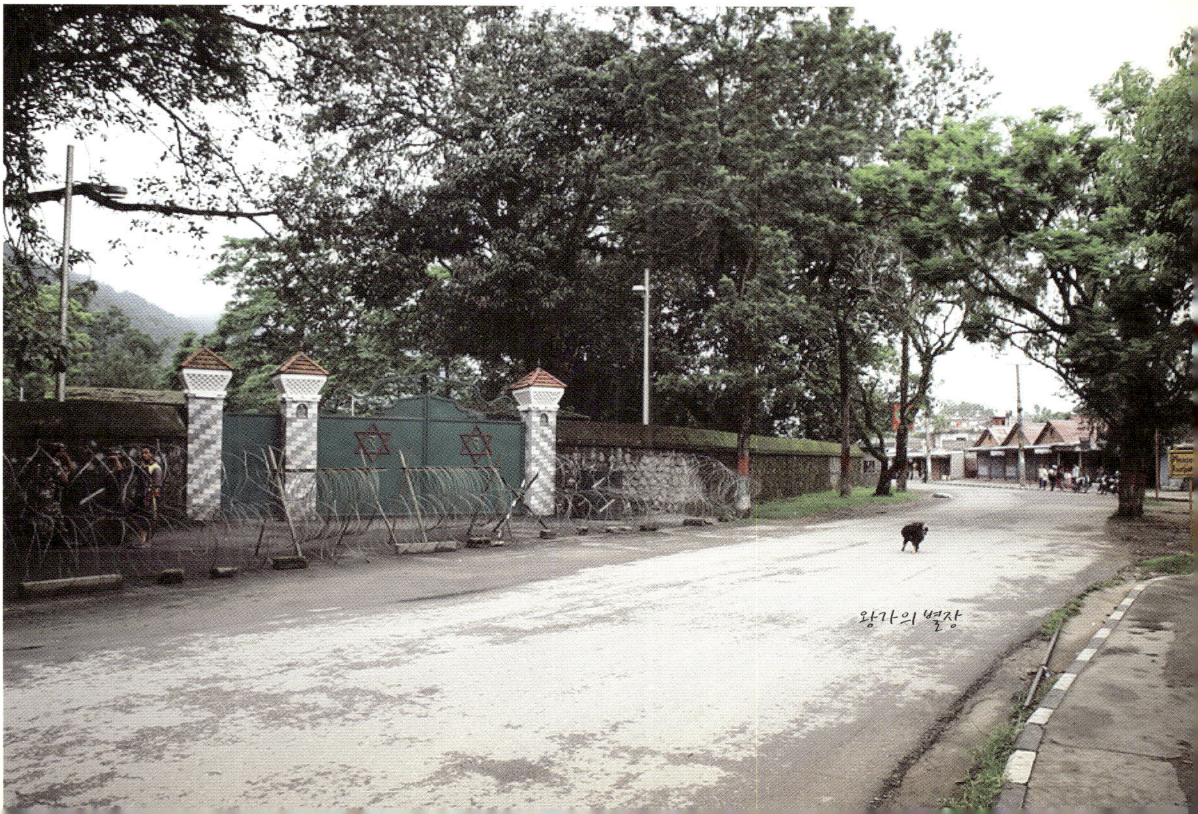

왕가의 별장

이 조용한 호수마을 포카라의 특징 중에 하나는 호수 근처 커다란 나무들에 그려져 있는 알록달록한 색칠들이었다. 좀 오래된 나무이다 싶으면 어김없이 칠해져 있는 색들은 신들이 좋아하는 색이라는데, 신들이 사는 성지인 히말라야로 떠나기 바로 전 장소인 포카라와 잘 어울린다는 생각이 들었다. 마치, 안나푸르나 산먹으로 향하는 힘든 도전을 떠나는 여행자들에게 마지막 휴식을 제공해주며 신들에게 안녕을 빈다고나 할까? 아무튼 전혀 어울리지 않을 듯하면서 묘한 조화 또한 이곳의 특색 중의 하나였다.

아무튼 이색적인 풍경과 여유로움이 공존하는 포카라는 상당히 만족스러웠는데 한 가지 아쉬운 점은 포카라의 상징이라고도 할 수 있는 해발 6,993m의 마차푸츠레 설산을 볼 수 없다는 점이었다. 지상 800m의 한가로운 호수 마을에서 바라보는 고도 8,000m의 히말라야 전경은 세계에서도 유례가 없는 장관으로 손꼽힌다고 하는데, 우리가 방문한 시점은 때마침 우기여서 짙은 구름이 히말라야를 꽁꽁 숨기고 있었던 것이다.

하지만, 절망할 필요는 없었다. 비록 지금 포카라에서는 짙은 먹구름이 나의 시야를 가로막고 있지만, 조만간 나의 튼튼한 두 다리로 구름을 뚫고 다시 올라 세계의 지붕과 조우할 것이기 때문이었다.

호수 안에 있는 집

포카라 중심부에 있는 페와 호수 주변을 둘러볼 요량으로 보트를 타는 선착장 앞에 섰다. 잔잔하게 일렁이는 호수에서 한가롭게 보트를 타는 사람들과 그 주변 푸르름이 무성한 나무숲 위로 새들이 떼를 지어 비행하고 있었다. 수심이 꽤 깊어 보였는데 몇몇 용기 있는 사내들은 익숙한 듯 웃통을 벗어던진 채 수영을 하고 있었다. 호수 군데군데 꼬리를 물고 이어진 물옥잠의 모습도 평화로운 광경에 운치를 더했다. 우리는 이 아름다운 풍경화 속에 합류하기 위해 보트를 타고 호수로 들어갔다. 미끌어지듯 호수의 중심부로 향하는 보트. 우리를 태운 보트를 모는 남자는 슥슥 리드미컬하게 느를 젓는가 싶더니 어느 순간 획, 하고 하늘 높이 노를 들며 방향을 바꾼다. 관광객에 대한 볼거리 제공 차원인 듯싶었는데, 아무튼 이런 서비스라면 언제든지 대환영이었다.

30분 쯤 유영하던 보트는 너무 오래 돼서 생긴 연도조차 파악할 수 없다는 작은 사원에 뱃머리를 댔다. 나무가 무성한 작은 섬처럼 생긴 이 사원은 경건함보다는 관광지의 느낌이 강했는데, 참배객들과 기념품을 파는 상인들로 붐볐다. 한쪽 구석에는 나무보트를 만지는 사람도 있었고 데이트를 하는 연인들의 모습도 간혹 눈에 띄었다. 하지만, 거기에 있는 사람들을 모두 합친 것보다 훨씬 많은 것은 바로 비둘기들이었다. 이 생명력 강한 짐승은 어디를 가도 자신의 존재감을 뽐내고 있었다. 그리고 내 머리를 향해 공포스럽게 하늘에서 뚝뚝 떨어지는 비둘기의 배설물들.

아! 평화의 상징이라는 비둘기는 나에게 그다지 반가운 존재가 아닌 듯싶었다. 그건 그렇고 호수 한 가운데 어떻게 사원을 지었을까? 잠깐 궁금했지만, 알아낼 방법이 있을 턱도 없고 비둘기의 배설물에 더 이상 유린당할 수 없어 미리 예약한 호텔로 서둘러 뱃머리를 돌렸다.

숙소를 예약한 곳은 페와 호수 안에 있는 피시 테일(fish tail) 로지였다. 호텔 이름이 물고기 꼬리라니…, 좀 황당하다는 생각이 들었지만 이름이 뭐 그리 중요할까! 아무튼 호텔로

들어가는 전용 뗏목을 타고 호텔 안으로 들어섰다(호텔이름이 피시 테일(fish tail)인 것은 포카라의 페와 호수 옆에 우뚝 솟아 있는 마차푸차레 산의 형상이 물고기 꼬리인 것에 기인한 듯하다).

호텔은 구석구석 손질이 잘 된 정원에 오두막집처럼 객실 하나하나가 별채로 이루어져 있어 동화에 나오는 집처럼 예쁘고 아늑했다. 프론트로 들어서자 한 남자가 사람 좋은 웃음으로 우리를 맞이한다. 그리고는 투명한 유리잔에 빛깔이 예쁜 음료 한 잔을 건넨다. 일종의 'welcome drink'인 모양이었다. 과일향이 상큼한 음료를 마시고 기분 좋게 객실로 들어

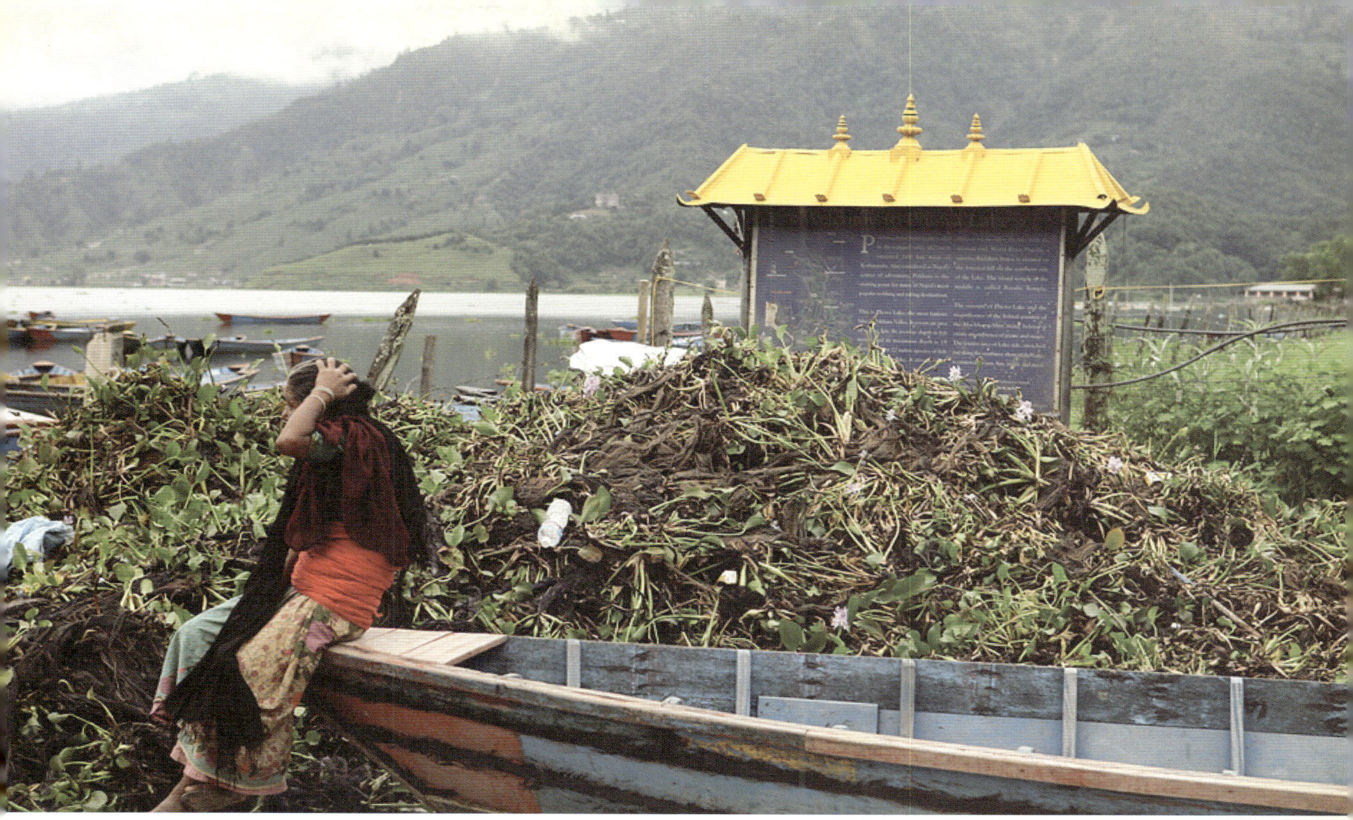

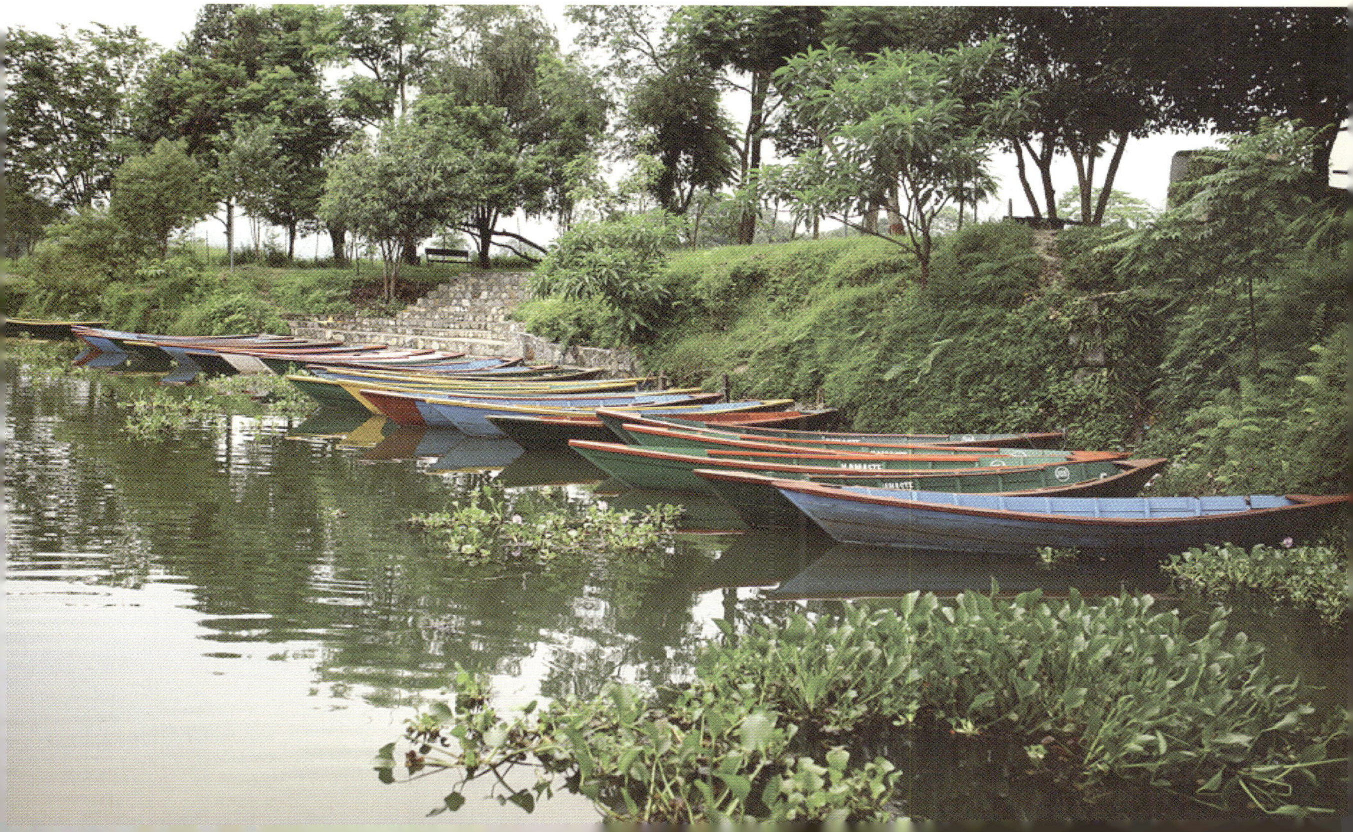
NAMASTE

가려는데, 내 눈을 사로잡는 것이 보인다. 야외 수영장이었다. 운 좋게도 우리의 숙소 바로 앞에 야외 수영장이 있었는데, 나는 수영장을 보니 갑자기 물속에 뛰어들고 싶은 충동을 느꼈다. 그리고 곧바로 숙소에 짐을 내팽개치고 속옷 바람으로 물속으로 뛰어들었다. 물론, 이런 일을 대비해 수영복을 준비하지도 않았고 갈아입을 반바지가 넉넉하지도 않았다. 하지만, 이 순간만큼은 그냥 아무런 생각 없이 네팔 최고 휴양지의 그림 같은 호텔에서 잠깐 동안 허락된 이 호사스러운 여유를 즐기고 싶을 뿐이었다.

티베트인들의 삶

피시 테일 로지에서 모처럼만에 여유로운 시간을 보낸 다음 날. 나는 아침 일찍 일어나 아직 주무시는 아버지를 흔들어 깨웠다. 그날은 본격적인 히말라야 트레킹을 떠나기로 예정되어 있었지만, 그 전에 반드시 들르고 싶은 곳이 있었기 때문이었다. 아버지는 잠이 덜 깨 야속한 표정으로 예정에도 없던 일정을 주장하는 나를 못마땅해 했다. 하지만, 지도까지 펼쳐들고 조금만 일찍 움직이면 일정에 문제가 없다고 주장하는 나의 치밀한(?) 설득에 떠밀려 결국 짐을 챙겨 서둘러 숙소를 나올 수밖에 없었다.

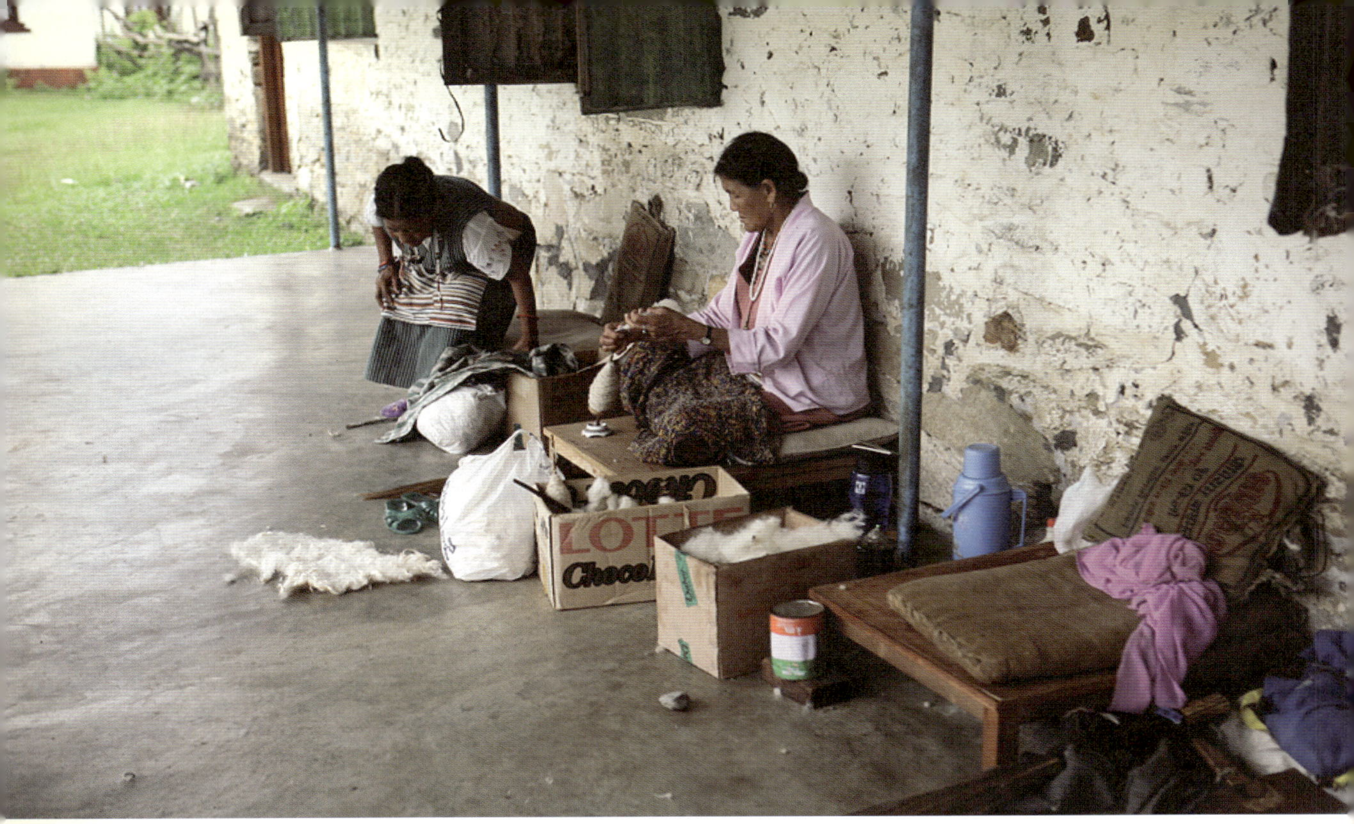

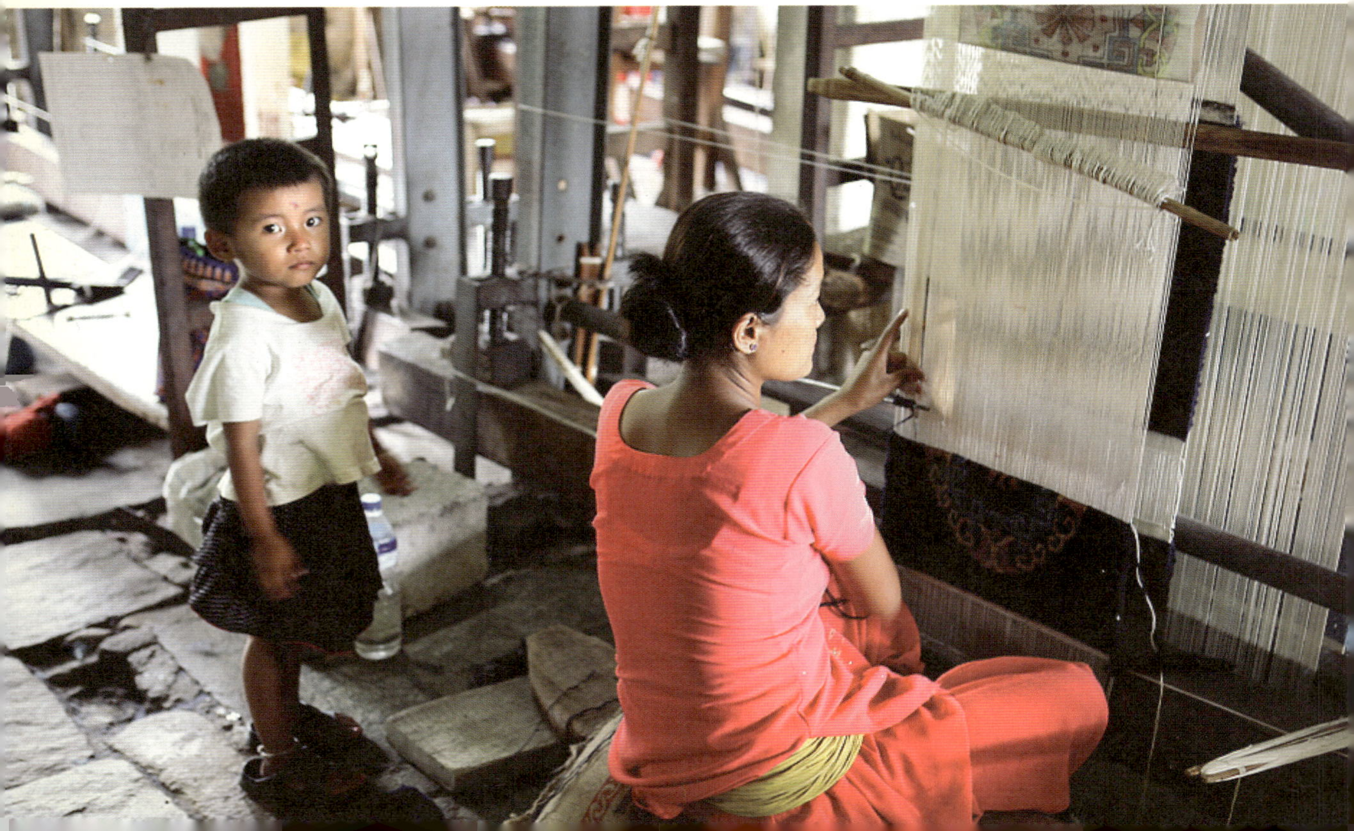

누구에게나 고향에 대한 기억은 아련하다. 그것은 고향땅이 얼마나 풍요로운지, 고향땅이 얼마나 살기 좋은 지와는 별개의 문제다. 고향은 마음의 안식처이고 정서의 근간이기 때문이다. 때문에 자기가 태어나 자란 곳에서 떠나 사는 사람들은 늘 고향땅에 대한 떨쳐버릴 수 없는 그리움을 갖고 있기 마련이다. 게다가 그것이 자신의 의지가 아니라 타인의 억압에 의해, 다른 외부적인 이유 때문에 어쩔 수 없이 이루어진 것이라면…, 정치적인 탄압을 피해, 또 자신들이 믿는 종교를 지키기 위해 어쩔 수 없이 조국을 떠나야만 했던 티베트인들의 삶은 얼마나 슬프고 고단할까? 또, 그들은 머나먼 이국땅 지금 네팔에서 어떤 모습으로 살아가고 있을까? 우리는 포카라의 한 티베트 난민촌으로 향했다.

포카라에는 몇 개의 티베트 난민촌이 있다고 했다. 1959년 중국의 티베트 침공 이후에 중국의 정치적, 종교적 탄압을 피해 이곳으로 넘어오게 된 것이었는데, 네팔 정부가 이들의 거주 지역을 임의로 정해 몇몇 장소에 집단적으로 모여 살게 하면서 난민촌이 형성된 것이었다. 이곳 포카라에 유독 티베트 난민촌이 많은 이유는 이들이 안나푸르나 산맥을 넘어 이곳으로 들어왔기 때문이었다. 그들 인생의 전부와도 같은 종교의 자유마저 억압하는 폭압적인 중국의 탄압을 피해 목숨을 걸고 이 험준한 산맥을 넘어왔을 이들의 모습이 눈에 선하다.

마을 입구에 들어서자 일정한 모양과 일정한 크기로 도열하듯 늘어선 건물들이 우리를 맞이했다. 건물들 위로 불교 사원에서 보았던 오색 만장들이 복잡하게 늘어서 있었는데, 역시 불교의 나라 티베트인들이 살고 있는 마을다운 모습이었다. 이곳 난민촌에 사는 티베트인들은 그들 특유의 생활습관을 이곳에서도 유지하고 있었다. 관광객들을 상대로 직접 만든 섬유 공예품 따위를 팔아 생활하고 있었는데, 지번의 말에 따르면 그들의 직조 기술은 아주 뛰어나 삶을 영위하는데 큰 어려움은 없다고 했다. 하지만, 도리어 그 말을 들으니 실을 짜고 있는 티베트 여인의 눈동자가 유달리 서늘하게 느껴졌다. 돌아갈 수 없는 조국을 떠나 이국땅에서 살아가야 하는 이들의 삶이 노곤할 수밖에 없는 건 너무나 당연한 일이 아닌가!

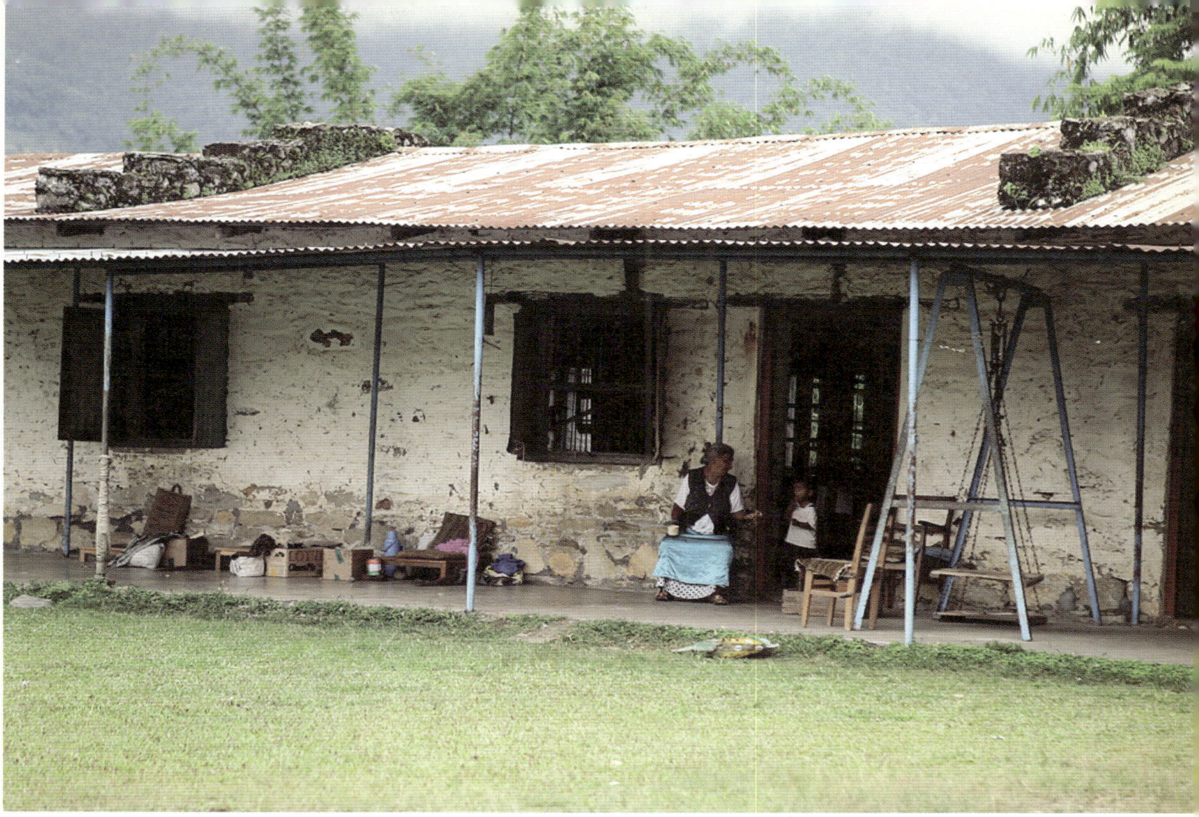

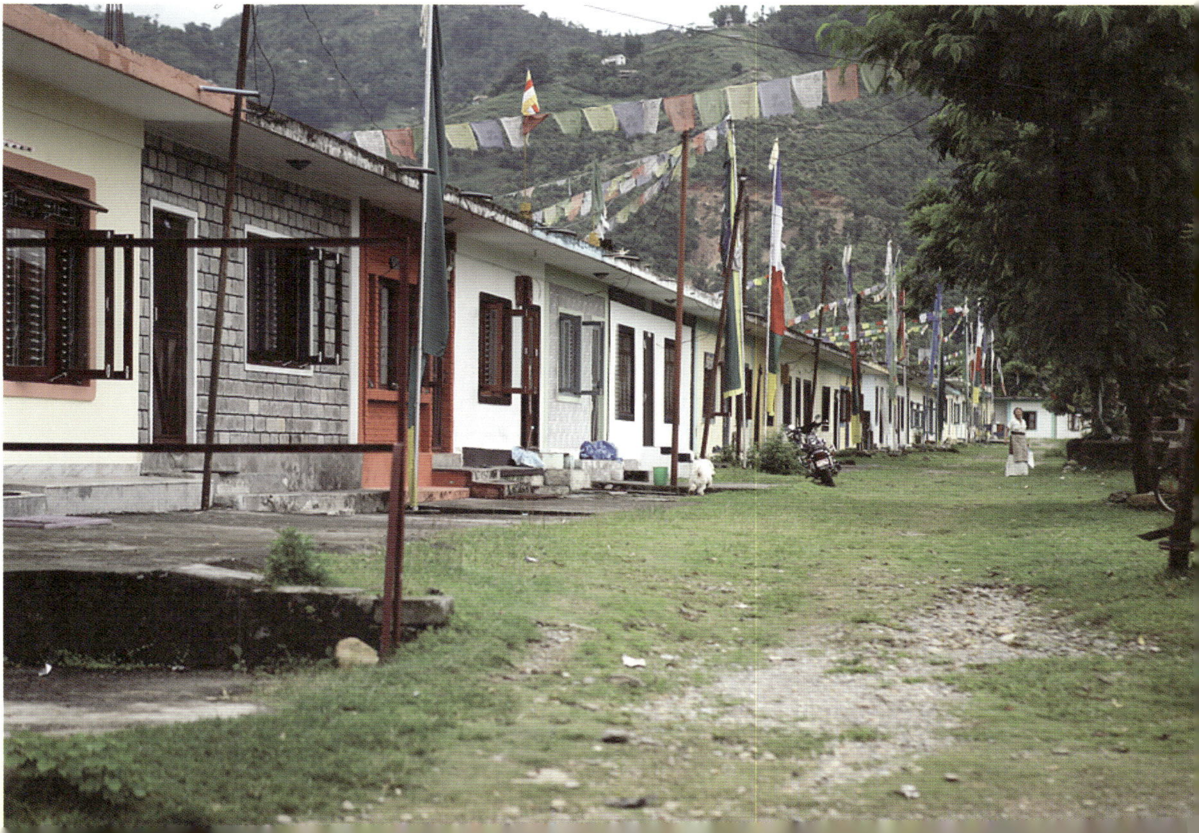

티베트인이 직접 만든 손가방 두어 개를 사서 난민촌을 나오는데 지번이 근처에 재미있는 사연이 있는 폭포가 있는데 잠깐 들르자고 제안한다. 물론 'Of Course.' 였다. 폭포는 난민촌 부근에 있는 뻬탈레 차고라는 폭포였는데, 페와 호에서 흘러온 강물이 대지로 빨려들었다가 암벽의 큰 구멍에서 다시 폭포가 되어 떨어지는 곳이라고 했다. 떨어지는 높이가 수십 미터가 넘는다는 폭포답게 근처에는 웅장한 소리가 들려왔는데, 워낙 경사가 가팔라 물이 떨어지는 초입만 보이고 정작 떨어지는 모습은 볼 수 없어 아쉬웠다. 지번에게 이 폭포에 얽힌 재미있는 사연이 무엇이냐고 물었더니 예전에 Devi라는 스위스 여성이 폭포가 떨어지는 모습에 넋을 잃고 보다가 이곳에 떨어졌다는 이야기가 있으며, Devi 's Fall이라고 불리기도 한다고 무덤덤하게 답한다. 음… 이게 재미있는 이야기라고! 내 생각엔 섬뜩한 사연처럼 들리는데, 아무튼 우리는 앞으로 있을 본격적인 트레킹을 위해 포카라를 떠났다.

 **포카라/페와호수/데이비스 폭포**

◎ **포카라**

카트만두에서 약 200km떨어져있는 포카라는 조용하지만 매혹적이다. 네팔에서 가장 대중적인 레저 트레킹 중 가장 유명한 안나푸르나의 출발지이자 레프팅의 도착지. 네팔의 문화적 중심지가 카트만두라면, 포카라는 네팔 모험을 즐기는 여행의 중심지다.

포카라의 페와 호수 옆 물고기꼬리 모양으로 우뚝 솟은 마차푸차레는 정상의 높이가 6,977m, 웅장함은 아름다움을 넘어선 신비로움이다. 아열대의 울창한 산림, 풍부한 수원, 에메랄드빛 호수와 어우러진 히말라야까지 자연경관으로서는 어떤 곳의 추종도 불허한다. 페와 호수 주변은 많은 바, 레스토랑, 게스트 하우스 형태의 숙박시설 등 배낭여행자들 위한 편의시설이 잘 갖춰져 있다. 고대부터 인도와 티벳을 잇는 통상무역로였고, 지금도 히말라야 지역을 관통하는 물건을 실은 나귀 행렬을 볼 수 있다.

포카라 최고의 안나푸르나 산군들은 동에서 서로 장대하게 펼쳐져 있고, 남으로 뻗어있는 산괴의 모습 또한 매혹적이다. 산악비행(Mountain Flight)으로 보는 히말라야 설산의 장관도 역시 빼놓을 수 없다.

◎ **페와 호수(Phewa Lake)**

네팔에서 두 번째로 큰 페와 호수. 포카라 중심부에 위치하여 포카라의 아름다움을 더욱 배가시킨다. 가장 사람이 몰리는 호수 동쪽은 레이크사이드(Lakeside) 또는 바이담(Baidam)으로 불린다. 호텔과 레스토랑, 수공예품 상점 등 여행자들을 위한 각종 편의시설이 잘 갖춰져 있다. 이곳에서는 수영과 보트를 탈수 있고, 호수 안쪽에 있는 사원을 찾을 수도 있는 여유로운 곳이다.

◎ **데이비스 폭포(Devi's Fall)**

이 폭포는 영국의 한 트레커(Devin 또는 David)가 폭포 아래로 떨어져 사라져 버렸다는 이야기에서 붙여진 이름인데, 현지에서는 뻐탈레차고(Patale Chhango, 땅에서 나온 폭포라는 의미)라고 부른다. 포카라 서남쪽 탄센 도로 쪽에서 약 2km 정도, 티벳 난민촌 입구 오른쪽에서 100m지점에 위치한다.

(주)네팔투어(www.nepaltour.co.kr) 제공

 03 신들의 고향에 발을 디디다!

▶ 빛을 만드는 산, 산을 수놓은 논

포카라를 출발해 30분 쯤 이동하자 한적한 도로 한 켠에 자동차가 멈춰 선다. 길가에 식당을 겸한 가게 하나가 보인다. 히말라야 트레킹의 출발지이자 우리의 첫 번째 목적지인 담푸스로 향하는 초입인 페디였다. 가게에서 생수 몇 개를 구입하고 건너편 작은 광장을 지나 돌계단으로 오른다. 드디어, 신들의 사는 영험의 영토 히말라야에 발을 디딘 것이었다.

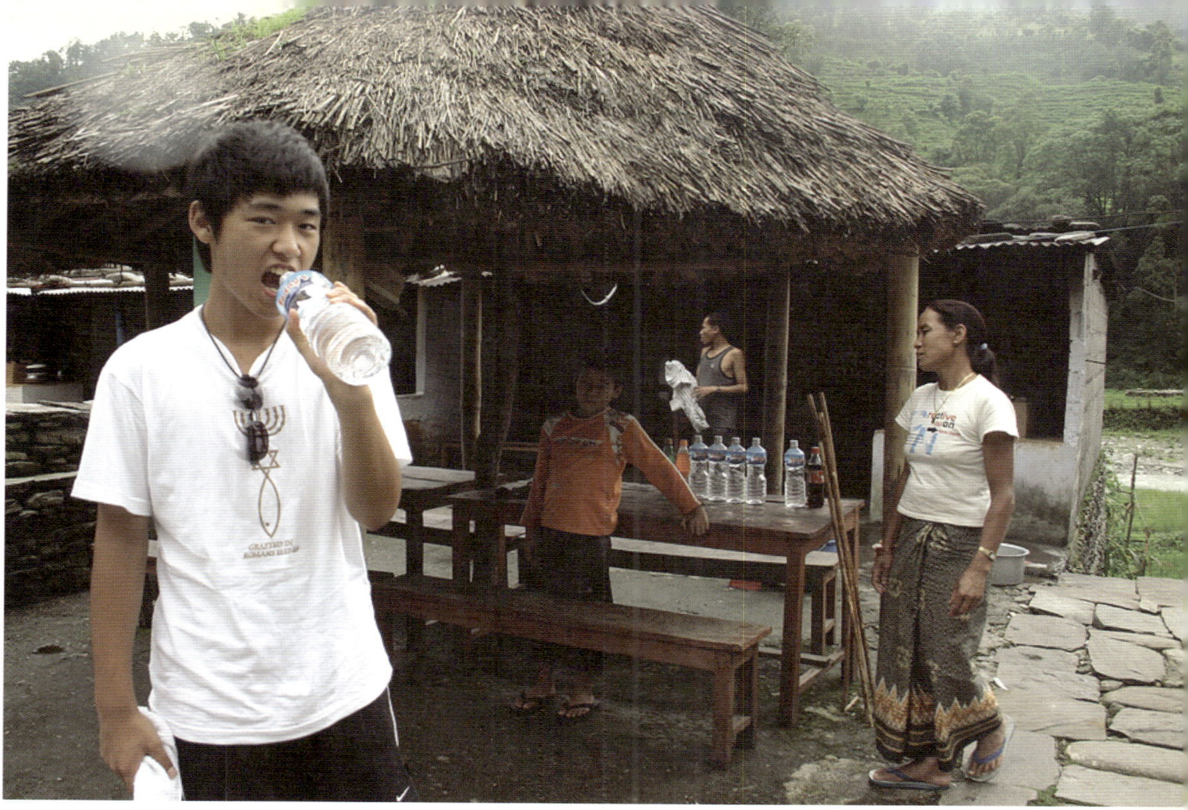

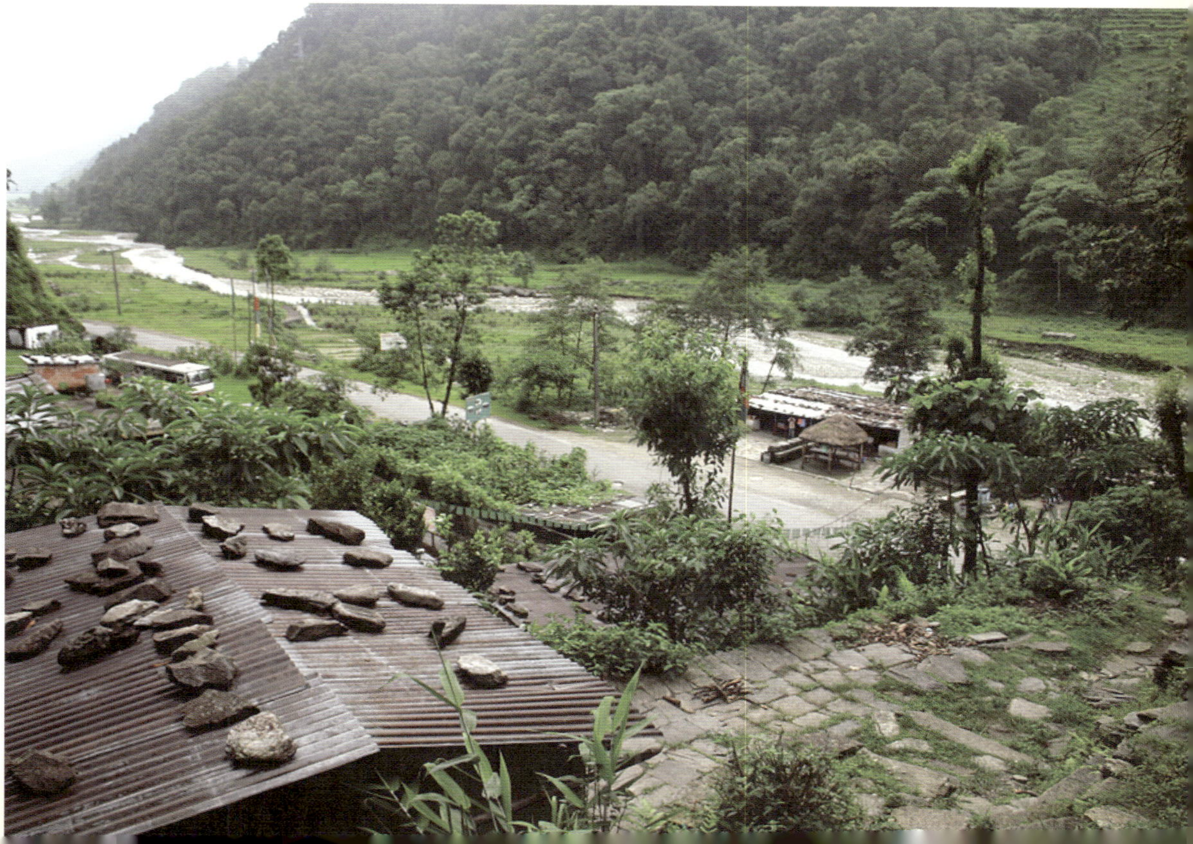

가파르고 좁은 돌길을 따라 몇 시간 쯤 올라 산등성이에 이르자 농가들이 보이기 시작한다. 네팔 상공을 비행해본 사람은 알겠지만, 하늘에서 내려다본 네팔의 산은 일반적인 상식의 산과 다른 모습이다. 산자락 굽이굽이 꼬리를 물고 이어진 작은 길들과 길들 사이사이에 촘촘하게 정렬된 계단식 논들, 그리고 군데군데 모여 있는 집들이 보는 이로 하여금 산이 아

니라 낮은 구릉지대의 마을로 착각하게 만들 정도니 말이다. 국토의 많은 부분이 산악지형이라는 지리적인 특성상 이들에게 산은 또 다른 삶의 터전으로 자리하고 있는 것이었다.

지상에서 한참 떨어진 산 속의 농가도 제법 농촌다운 좁다란 계단식 논 한 가운데 허수아비가 서 있었다. 아주 작은 공간도(몇 미터의 공간만 있어도 여지없이 논으로 활용한다) 논으로 활용하는 것이 인상적이었다. 논의 크기를 제외한다면 보통 농촌과 크게 다르지 않은 모

습이었다. 이들은 농사 외에도 양이나 야크(고산지대에 사는 커다란 뿔이 달린 소)의 젖을 짜서 생활한다고 하는데, 주로 자급자족을 하거나 필요한 물품은 물물교환을 통해 충당한다고 했다. 농가 중에는 이전 불교사원에서 봤던 오색만장을 늘어뜨린 집들도 있었는데, 티베트에서 넘어온 이주민들이 이곳에 많이 정착한 탓이라고 했다. 깊은 산 속에서 자신들의 신을 모시며 조용히 농사를 짓고 사는 이들이 인상적이었다.

산장의 호텔, 로지

끊임없이 이어지는 계단식 논들, 사람의 키를 훌쩍 넘는 옥수수밭들, 아열대지방에서나 볼 수 있는 커다란 나무들이 이어지는 산길을 따라 산행을 계속했다. 알록달록 원색의 옷을 입은 스쳐 지나가는 마을 사람들에게 "나마스떼" 하며 인사를 건네자 곧바로 "나마스떼" 하고 화답해 온다. 꽤 가파른 길이었지만, 익숙한 듯 무거운 물동이를 이고 가는 노령의 할머니의 얼굴에 여유가 묻어난다. 짙은 먹구름이 산행 내내 드리워졌다는 점을 제외하면 산행에 별다른 어려움은 없었는데, 간혹 당혹스러운 일은 커다란 소들이 좁

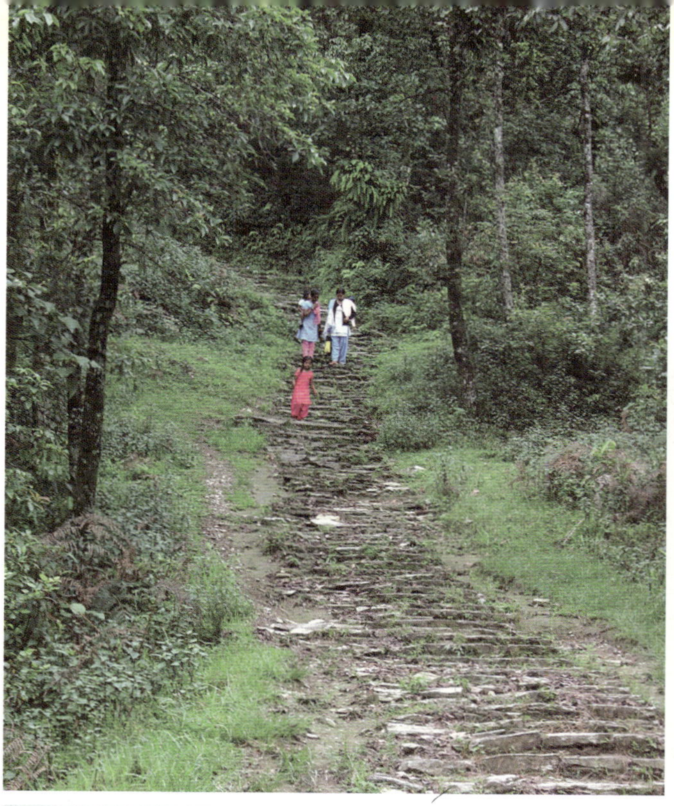
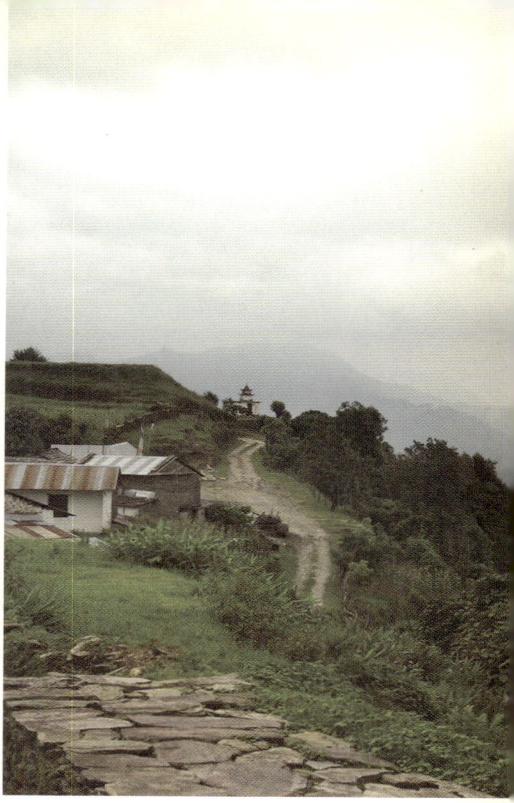
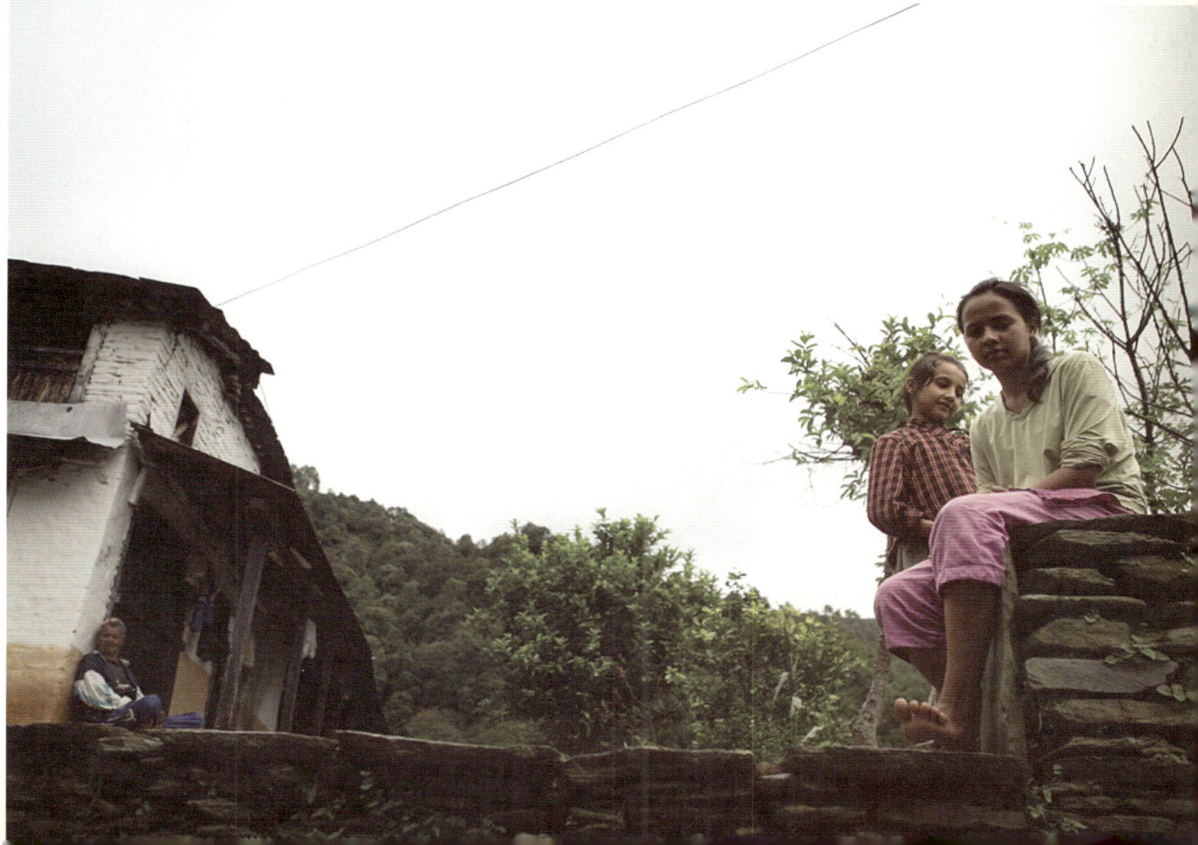

은 길을 가로막고 풀을 뜯고 있는 것이었다. 소가 사람을 공격하지는 않는다며 지번은 우리를 안심시켰지만, 엄청난 덩치와 험상 굳은 모습을 보면 발걸음이 쉽게 떨어지지 않았다. 그때마다 지번은 '워워' 하며 소들을 한쪽 구석으로 비키게 해 길을 터주었는데, 재미있는 사실은 이렇게 아무렇게나 산 속을 돌아다니던 소들이 저녁이 되면 어김없이 집을 찾아 간다는 것이었다. 소에게도 귀소본능이 있는 것인지…, 이곳 네팔에서는 도시에서나 산에서나 소들의 천국임이 분명했다.

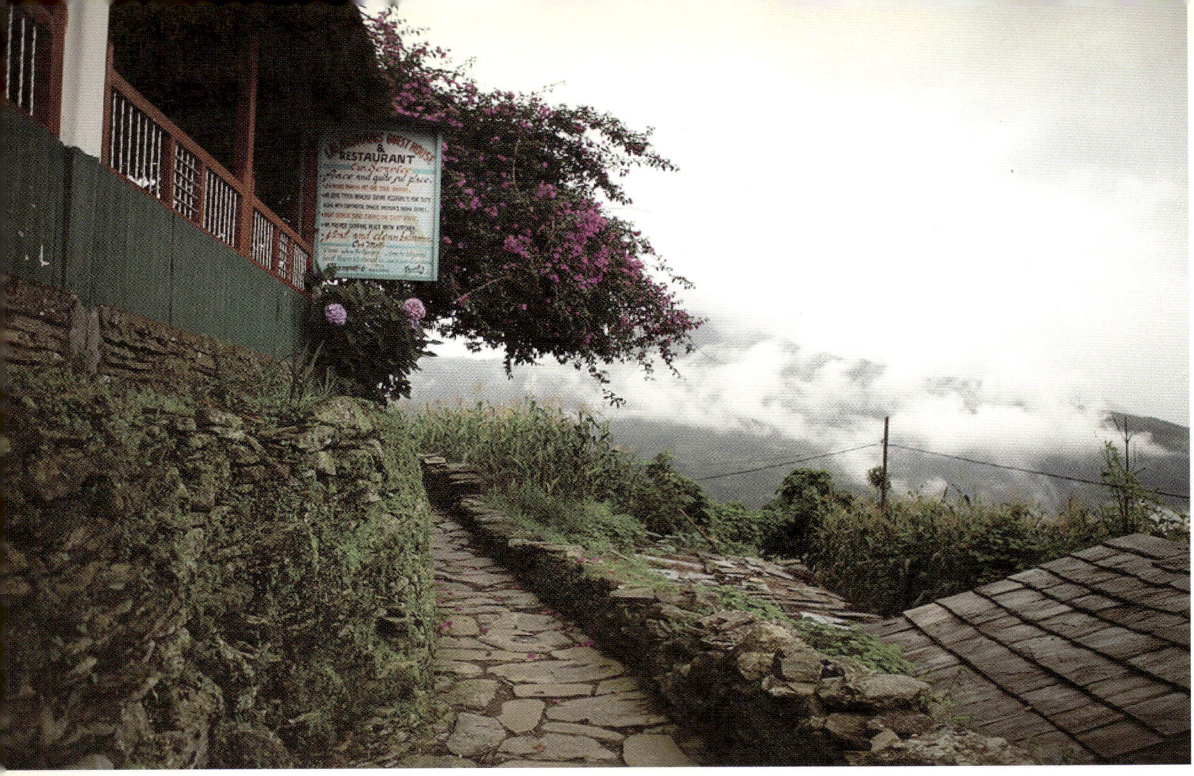
GUEST HOUSE
&
RESTAURANT

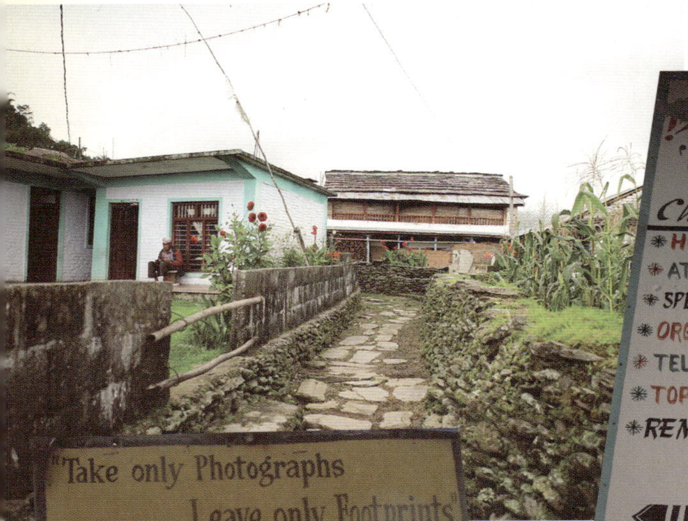

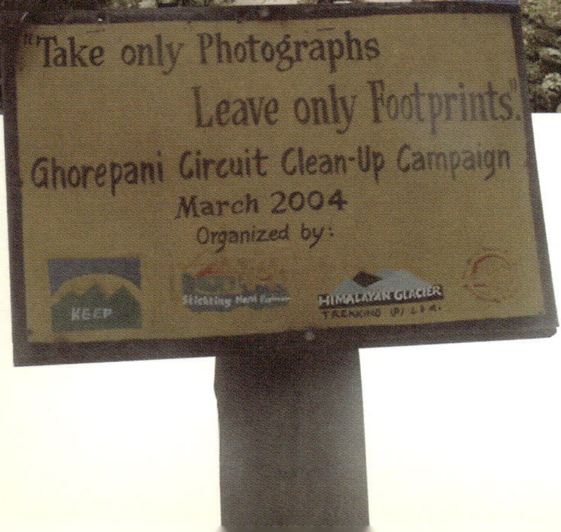
"Take only Photographs
Leave only Footprints"
Ghorepani Circuit Clean-Up Campaign
March 2004
Organized by:
KEEP
HIMALAYAN GLACIER
TREKKING (P) LTD.

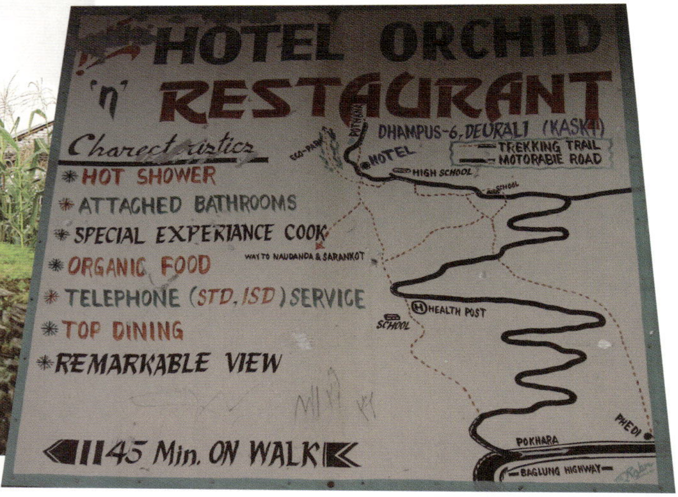
HOTEL ORCHID
'n' RESTAURANT
Charecteristics
* HOT SHOWER
* ATTACHED BATHROOMS
* SPECIAL EXPERIANCE COOK
* ORGANIC FOOD
* TELEPHONE (STD, ISD) SERVICE
* TOP DINING
* REMARKABLE VIEW
45 Min. ON WALK
DHAMPUS-6, DEURALI (KASKI)
TREKKING TRAIL
MOTORABLE ROAD
HOTEL
HIGH SCHOOL
SCHOOL
WAY TO NAUDANDA & SARANKOT
HEALTH POST
PHEDI
POKHARA
BAGLUNG HIGHWAY

HOTEL LALIGURANS & RESTAURANT
EVEREST
BEER

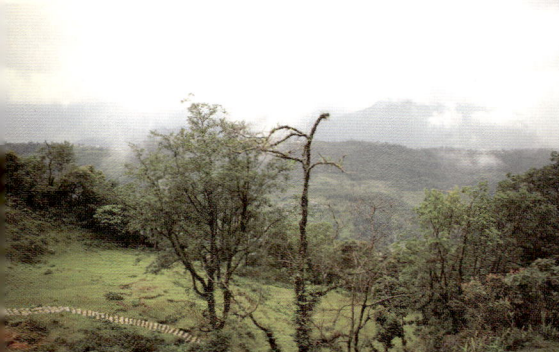

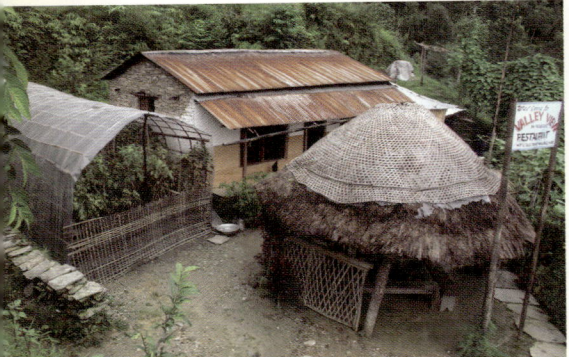

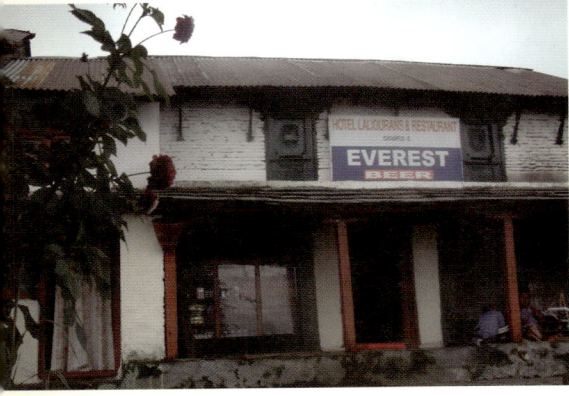

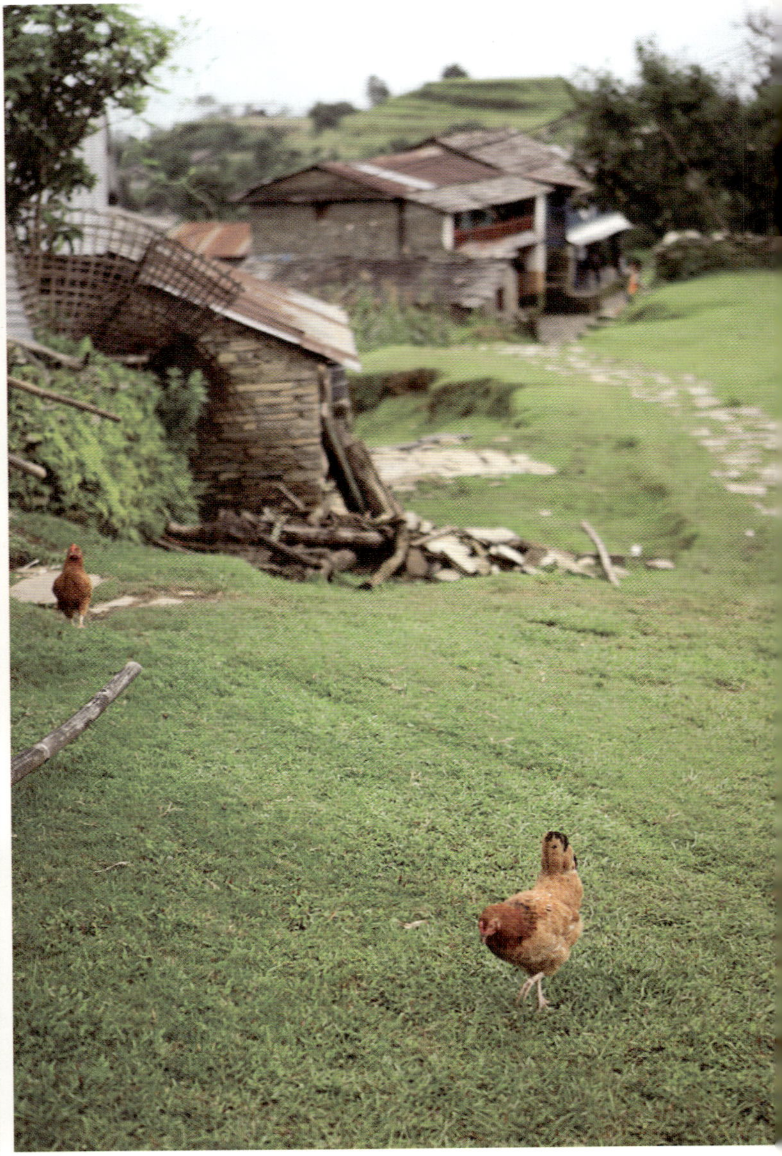

산 아래로 펼쳐진 경치들을 감상하며 반나절 쯤 더 올랐을까… 산등성이를 따라 평평한 내리막길이 이어지고, 로지라고 불리는 산장의 호텔들이 눈에 들어오기 시작했다.

해발 1,800m의 산장촌 담푸스에 도착한 것이었다. 로지들은 각각 '에베레스트 호텔' '사쿠라 호텔' '안나푸르나 호텔' 등 그 이름도, 모양도 가지각색으로 여행자들을 유혹했다. 하지만, 안나푸르나 자연보호지역 프로젝트(ACAP)의 방침에 따라 안나푸르나 지역 로지의 숙박비와 메뉴는 모두 통일되어 있다고 하니, 마음이 동하는 산장을 고르면 그만이었다. 우리는 작은 2층 건물에 유난히 아늑하게 보이는 한 로지에 짐을 풀었다.

▶ 구름 속에 누워 망상에 빠지다

로지 2층의 작은 방 침대에 몸을 누이고 눈을 감는다. 열린 창문 사이로 스멀스멀 구름이 밀려들어온다. 곧 방 안이 온통 구름으로 가득하다. 잡히지는 않지만 가만히 코를 들이대니 비릿한 내음에 정신이 혼미해진다. 하늘 끝에 닿을 듯 거대하게 치솟은 산들 밑으로 산맥 전체를 휘감고 있는 운해는 신들과 인간의 경계선처럼 보인다. 그 모호한 경계 사이를 하루 종일 걷다 보면 인간의 영역도 신의 영역도 아닌, 중간계를 끊임없이 떠도는 방랑자가 된다. 신들은 왜 그렇게 인간들을 향해 두터운 경계심을 드러내며 운해 속에 몸을 숨기는 것일까! 신들은 왜 신들의 고향을 방문한 인간들을 방랑자로 만드는 것일까? 괜한 트집이라도 잡아 질문을 던져보려는데, 갑자기 운해 사이로 커다란 무지개가 솟아오른다.

아, 이게 얼마 만에 보는 무지개인지! 우리나라는 공해가 심해 좀처럼 무지개를 볼 수가 없었는데… 반가운 마음에 무지개라도 잡아볼 심산으로 방을 나와 로지 앞 잔디밭으로 나갔다. 로지 앞 잔디밭에는 아이들이 뛰어놀고 있었는데, 아이들 중 더러는 깊은 산 속에 아름답게 피어난 무지개가 반가웠는지 지붕에 올라가 여유롭게 경치를 감상하고 있었다. 히말라야 설산은 구름 속에 몸을 꽁꽁 숨기고 있었지만, 무지개가 피어오른 깊은 산중에서 아이들과 함께한 시간도 그리 나쁘지는 않았다. 아이들과 함께 잔디밭을 뛰어다니며 여기저기 카메라 셔터를 눌러대다 잠시 평상 앞에 누워 하늘을 바라보았다. 하늘은 온통 켜켜이 쌓인 비구름 투성이었다. 언제쯤 이 비구름이 걷히려나 생각에 잠기는데, 갑자기 거짓말처럼 운해가 걷히고 장엄하게 펼쳐진 히말라야의 설산이 망막에 맺히기 시작한다.

아, 히말라야! 수천, 수만 영겁의 역사 동안 이 땅 가장 높은 곳에서 세상을 내려다보던, 형용할 수 없이 웅장하고 눈이 부시도록 빛나는 히말라야 설산이 내 앞에 파노라마처럼 펼쳐지고 있었다.

▶ 구름 속의 만찬

"동생, 일어나서 저녁 먹어요."
잠깐 누워있겠다는 것이 그새 잠이 들었었나 보다. 흐린 날씨 탓에 포카라에 온 이후 한 번도 히말라야의 설산을 보지 못했던 것이 못내 아쉬웠던지, 히말라야의 설산은 꿈에까지 나타나 약을 올렸다. 이러다 설산 한 번 보지 못하고 그냥 돌아가게 되는 것은 아닌지 은근히 걱정도 되었다. 지번은 이런 나의 심정을 아는지 모르는지, 맛있는 저녁을 예약해놨다며 잠이 덜 깬 나를 식당으로 부

른다. 피곤해 입도 까칠하고 속이 상해 입맛도 없었는데, 이상하게도 뱃속에서는 꼬르륵거리며 요동치는 소리가 들려온다. 몸과 마음이 따로 노는 이 기이한 현상을 어떻게 설명해야 할지…. 아무튼, 주린 배를 부여잡고 지번의 뒤를 따라 식당으로 들어갔다.

식당은 통나무로 얼기설기 엉성하게 지은 데다 촌스러운 포스터들이 여기저기 붙어있는 것이 딱 시골 분식집 같은 모습이었다. 심지어 누렇게 빛바랜 포스터의 주인공은 '스파이스 걸스'였다. 아, 호랑이 담배 피던 시절 전에 해체해 베컴의 사모님으로 등극하신 스파이스 걸스 누님들이라니…, 초등학교 시절 학교 앞 분식집과 참 닮았다고 생각하며, 허기라도 달랠 요량으로 음식이 나오기를 기다렸다. 사실 분식집이면 어떻고, 스파이스 걸스면 어떠랴! 해발 2,000m 산중에 식당이 있다는 사실만으로 감사한 일이었다. 잠시 후, 투박한 표정의 여인이 커다란 쟁반에 음식을 내왔다. 그 순간, 난 내 눈을 의심하지 않을 수 없었다. 주인이 내온 음식은 살이 통통하게 오른 토종닭 백숙에 따뜻한 국물, 그리고 그 국물이 걸쭉하게 우려난 닭죽이었다. 먼 이국땅, 그것도 하늘까지 뻗어있는 산과 구름이 전부인 2,000m 산중에서 토종닭 백숙을 만나게

될 줄이야! 감동, 감동, 또 감동이었다. 그 푸짐하고 맛있는 닭죽을 앞에 두고 욕심껏 먹는 와중에도 원활하지 못한 네팔의 전기사정을 알려주기라도 하듯 전기가 잠깐씩 들어 왔다 나갔다를 반복하다 드디어는 깜깜해졌다. 식당 주인은 대수롭지 않게 촛불을 가져다주신다. 늘상 있는 일인 모양이다. 촛불을 양쪽에 밝혀두고 우리는 하던 식사를 계속했는데 불편함이 느껴지기보다는 분위기 있는 이벤트 같았다…

전혀 예상치도 못했던 만찬에 정신이 팔려 음식을 먹다보니, 촛불을 밝힌 식당의 열린 창틈으로 구름이 스멀스멀 밀려들어 온다. 산에 오른 이후 지겹도록 봐온 것이었지만, 스르르 밀려들어와 내 몸을 감싸는 구름이 너무나 반가웠고, 난 마치 신선이 된 듯한 착각에 빠져들었다. 신라의 스님 원효대사가 해골에 고인 물을 마시고 깨달음을 얻었던 것처럼, 닭백숙

한 그릇은 나에게 더없는 기쁨을 선사해주었다. 그 순간만큼은 히말라야 설산에 대한 미련도 온데간데 없었고, 구름 식탁 위에 차려진 닭백숙은 여태껏 만났던 그 어떤 음식과도 비교할 수 없는 내 인생 최고의 음식이었다.

네팔의 전기

네팔의 전기는 220볼트, 50Hz, 3P콘센트인데 우리 한국의 전자제품을 그대로 사용할 수 있다. 전기 사정이 좋지 않아 밤에는 일찍 소등을 하거나 예고 없이 단전될 때가 많다. 건기에는 약 6~7시간이 정전된다. 참고로 자연적 조건으로 볼 때 자연자원을 이용한 친환경적 수력발전을 할 수 있는 곳으로 세계 1위가 브라질이고 그 다음 세계 2위가 네팔이라고 하는데, 기간산업에 투자할 자본이 턱없이 모자라는 네팔의 사정은 안타까운 일이었다.

(주)네팔투어(www.nepaltour.co.kr) 제공

▶ 산 속 소년과의 만남

닭백숙으로 행복한 만찬을 마치고 한가롭게 숙소 주변을 둘러보는데 휴게실 같은 곳이 눈에 띄었다. 안으로 들어가니 서양 여성 두 명이 음악을 들으며 책을 읽고 있었다. 미국에서 왔다고 밝히는 그녀들은 보스턴에서 대학을 마치고 여행 중이라고 했다. 흘러나오는 음악이 젊은 누나(?)들이 듣기에는 좀 유행에 뒤처진 것 같아 물으니 그냥 여기에 있던 음악이라고 답한다. 나는 그녀들에게 내가 가져온 음악을 틀어도 되겠냐고 물으니 흔쾌히 승낙한다. 나는 신이 나서 mp3를 오디오에 연결시켰다. 그리고 흘러나오는 한국의 록 음악들. 이

국땅 네팔의 깊은 산중에서 흘러나오는 한국의 록 음악이 신기할 따름이다. 기분이 좋아져 볼륨을 올리니 음악 소리를 들었는지 밖에서 아이 한 명이 들어온다. 좀 전에 잔디밭에서 뛰놀던 산장 주인집 아이였는데 그 아이도 음악이 마음에 드는 모양이었다. 사방이 온통 구름으로 둘러싸인 산 속에서 두명의 미국인, 네팔 아이와 함께 어울려 듣는 한국의 록 음악 감상회. 두 번 다시 이런 독특한 경험을 할 수 있을까? 놀랍게도(?) 그 아이는 최신형 mp3 플레이어를 가지고 있었는데, 한국에 돌아가서 음악을 전송해주겠다고 하니 뛸 듯 좋아했다. 아이의 이메일 주소를 받아 적고 다시 시작된 록 음악 파티. 나는 한국 록 음악의 전도사라도 된 양, 한 곡 한 곡 음악이 나올 때마나 환호성을 지르며 곡 소개를 했고, 그렇게 산중의 록 음악 파티는 늦은 시간까지 계속되었다.

🔻 고산지대의 괴물, 거머리

신들이 산다는 세계 최고봉은 낯선 이방인의 시선이 불편한 듯 겹겹이 쌓인 구름 속에 자태를 숨기고 있었다.

비록 정상까지는 아니더라도 안나푸르나를 오르며 세계 최고봉의 설산을 인접에서 보고 오겠다는 나의 바람이 먹구름 속으로 사라지는 것 같은 예감이 들었다.

"우기여도 비가 그쳐 햇빛이 들면 보일 수도 있어요."
지번이 내 심정을 읽었는지 선수를 친다.
'그래, 일단 가보는 수밖에.'

산행은 아침부터 주적주적 내리는 비와 함께 시작됐다. 배낭 위로 우비를 뒤집어쓰고 등산화 안쪽을 비닐로 칭칭 동여매며 악천후에 대한 대비를 했다. 내 눈 앞에 히말라야의 웅장한 자태가 펼쳐질 때까지 산행을 멈추지 않겠다는 일념으로 배낭끈도 꽉 조여 맸다. 그리곤, 로지를 나와 힘찬 발걸음을 내딛었다. 안나푸르나의 하늘은 구멍이라도 난 듯 멈추지 않고 장대비를 쏟아 붓고 있었고, 나는 그 비를 고스란히 맞으며 힘들게 산행을 계속해 갔다. 한 발 한 발 무거운 발걸음을 옮기며 한참을 오르다보니 저 멀리에 첫 번째 체크 포인트가 보였다. 우리는 폭우에 흠뻑 젖어 지친 몸을 쉬어갈 요량으로 서둘러 체크 포인트 안으

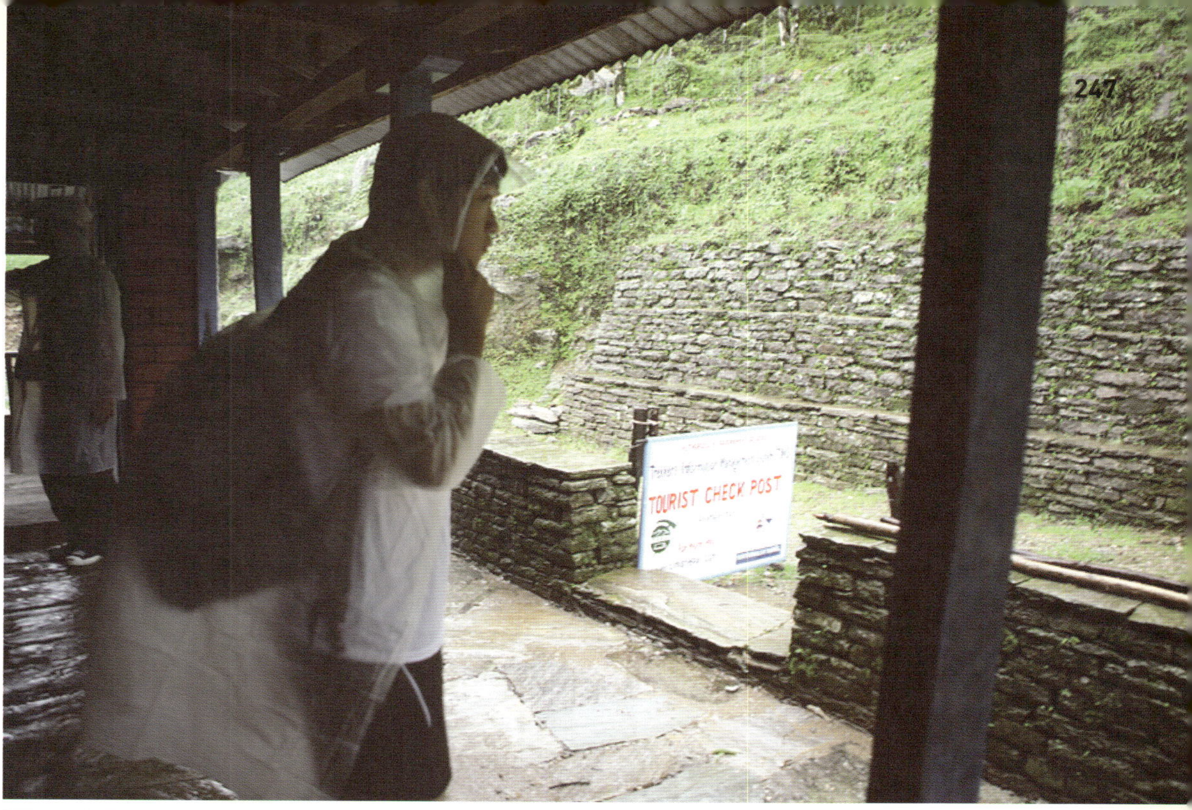
TOURIST CHECK POST

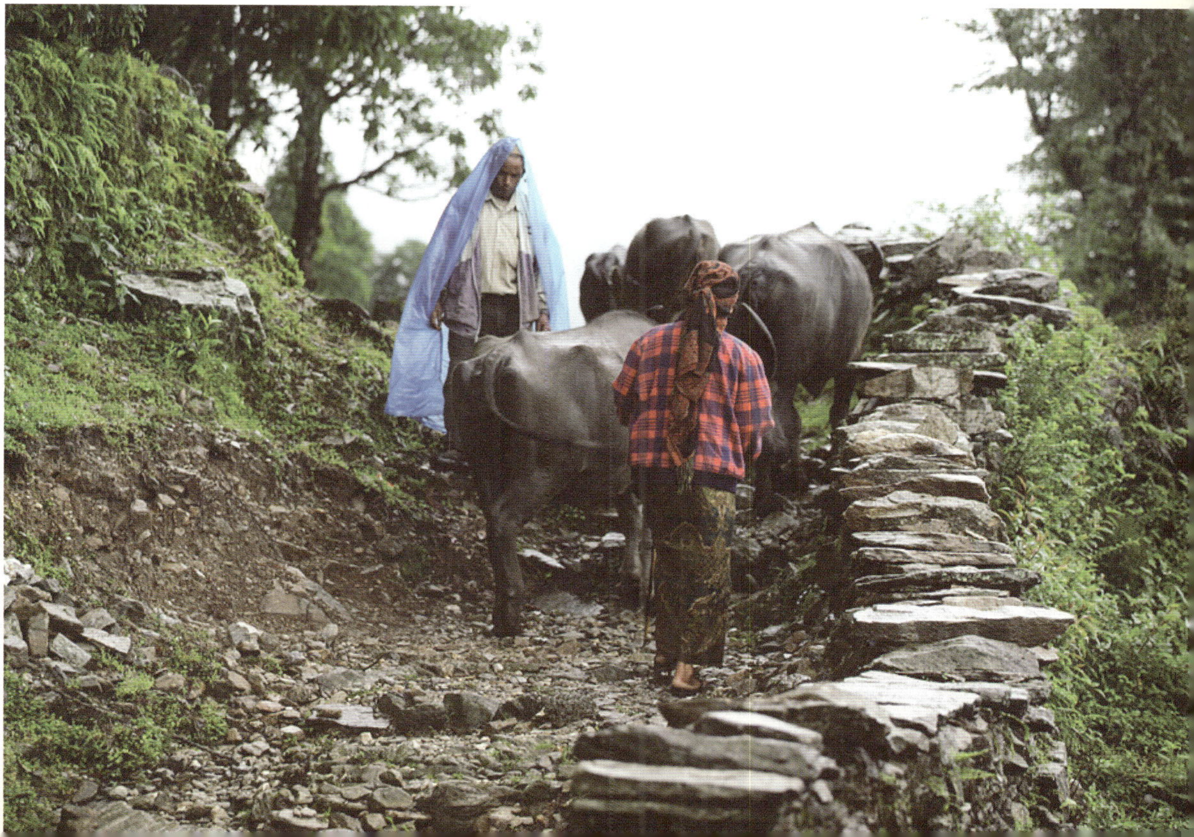

로 들어갔다. 그곳에 들어가서도 비는 여전했고, 스산한 비구름만 더해갈 뿐이었다. 비가 잦아들기를 기다리며 대충 옷가지들을 털어내려다 난 그만 깜짝 놀라 고함을 지르고 말았다. 젖은 바지 속 두 다리가 온통 거머리 투성이에 피로 범벅이 되어있었던 것이다. 내가 알기로 거머리는 논이나 저수지 같은 곳에 사는 흡혈곤충인데…, 이곳은 해발 2000m가 넘는 산이 아닌가!

지번의 말에 의하면, 해발 1천m에서부터 4천m까지 사는 고산지대의 거머리가 비만 오면 개미 떼처럼 출몰해 사람이나 동물들의 피를 빨아먹는다는 것이었다. 피 냄새만 맡으면 바닥에서 뿐만 아니라 나무 위에서도 떨어져 몸에 달라붙는 거머리는 우기 히말라야에서 그 누구도 당해낼 수 없는 절대 강자라는 말도 덧붙였다. 수십 마리의 거머리에게 유린당한 내 다리를 보니 황당하다 못해 끔찍해 기가 찰 노릇이었다. 정말 신기한 것은 눈으로 다리에

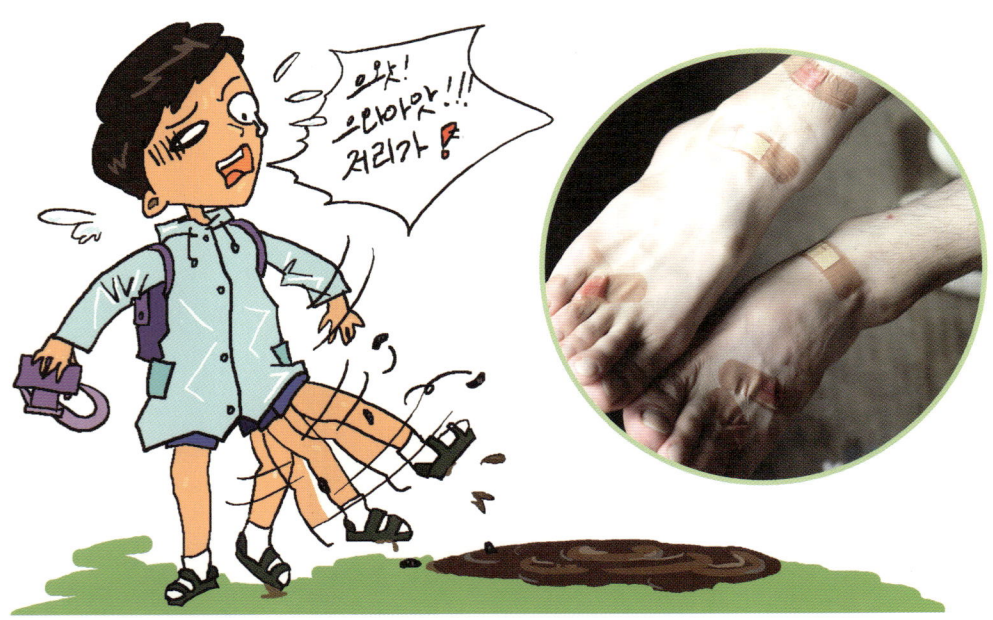

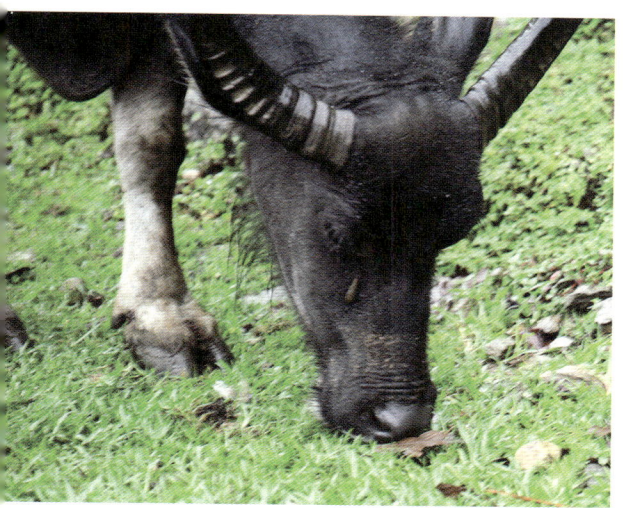

붙은 거머리를 보기 전까지는 아무런 느낌이 없었다는 것인데, 사실 피가 흘러내리는데도 아픔은 느껴지지 않았다. 다만 거머리를 떼어낼 때 따끔할 따름이었다. 미리 얘기해주지 않은 지번이 야속하기만 했다. 거머리를 떼어내고 떨리는 가슴을 진정시키며 대피소 밖을 내다보는데, 지나가는 소의 눈가에서 피가 흐르는 것이 보였다. 자세히 보니 남자 손가락만한 거머리가 붙어 피를 빨고 있었다. 소의 눈가에서 붉은 피가 뚝뚝 떨어지며 주변을 붉게 물들였다. 전율하듯 온몸에 소름이 돋아왔다.

"높이 올라갈수록 거머리가 더 많아요."

지번은 더 이상의 산행은 무리라며 이곳에서 비가 그치길 기다렸다 하산하자고 했다. 나 역시도 히말라야 설산에 대한 아쉬움은 있었지만 무시무시한 거머리의 습격을 견뎌가며 산행할 자신은 서지 않았다. 어쩔 수 없이 산행은 거기서 중단할 수밖에 없었다.

> **TIP 고산지대의 거머리**
>
> 해발 1,000–3,000m의 숲과 초원에는 고산지대의 괴물 거머리를 피할 수 없다. 거머리는 네팔어로 주카, 영어로는 leech라고 하는데, 우기에는 하늘에서 비가 내리듯 거머리가 우글거리니 유의해야 한다. 모기나 벼룩과 다르게 거머리는 떼어내도 피가 멈추지 않는데 이곳 사람들은 민간요법으로 담뱃잎을 붙여서 피를 멈추게 한다.

TIP 트레킹 허가증 TIMS(Trekkers' Information Management System)

팀스(2008년 1월 1일 시행)는 트레커들에게 자연재해 등의 정보를 제공하여 안전한 트레킹을 하도록 하는 제도. 카드에는 트레커의 이름, 여권정보, 트레킹지역, 기간 등이 기록되고 여권사본과 항상 같이 가지고 다닌다. 모든 트레커들은 카트만두나 포카라에 있는 네팔관광청이나 트레킹협회(Trekking Agencies Association of Nepal/TAAN)에서 반드시 카드발급을 받아야 한다.

TIMS는 그린(green)과 블루(blue)의 두 가지 종류. 그린(green)은 free individual trekker's(FIT)로서 개인에게 발급해주는 카드. 개인이 직접 포터나 가이드의 고용 없이 짐을 운반하고 모든 위험과 책임은 본인이 진다. 블루(blue)는 group trekker's(GT.) 즉 네팔 현지의 트래킹회사에서 발급하고 트레킹 중의 포터나 가이드 고용 및 모든 관리를 여행사가 책임진다. 반드시 네팔 정부의 등록허가를 받은 TAAN회원으로 등록된 크레킹사를 선택해야 한다. 참고로 우리는 네팔투어 카트만두 Yakzone Trekking(PI LTD, 연락처(977-1)444-3455)에서 업무대행을 받았다.

TIMS 카드를 발급하는 네팔관광청 및 트레킹협회 연락처

네팔 주소	전화번호	Email & Web
Nepal Tourism Board (NTB) Bhrikutimandapd, Kathmandu	00977-1-4256909	Email : info@ntb.org.np Web : www.welcomenepal.com
Trekking Agencies' Association of Nepal (TAAN) Maligaon, Kathmandu	00-977-1-442473/4440920	Email : taan@wlink.com.np info@timsnepal.com Web : www.taan.org.np www.timsnepal.com
Nepal Tourism Board (NTB) Pardi, Pokhara	00977-61- 535292	Email : pntb@wlink.com.np
Trekking Agencies' Association of Nepal (TAAN) Pokhara Chapter, pokhara-6, Lakeside	00977-61-527033	Email : taanpkr@yahoo.com taan@fewanet.com.np

(주)네팔투어(www.nepaltour.co.kr) 제공

뜻하지 않게 고산지대의 괴물 거머리를 만나 중단된 산행은 여러 모로 아쉬움을 남겼다. 더불어 인접한 곳에서 히말라야 설산을 보겠다는 꿈도 사라졌다. 허탈함에 내려오는 발걸음이 더없이 무거웠는데, 어쩌면 이 모든 것이 사전 정보도 없이 안나푸르나를 오르겠다는 나의 무모함이 부른 자업자득일지도 모른다는 생각이 들었다. 아니면, 철저한 준비 없이는 오를 수 없는 영험의 땅 히말라야의 법칙일지도 몰랐다. 어쩌면 고산지대의 거머리는 자신들이 허락하지 않는 시기에는 그 모습을 내보이기 싫어 신들이 쳐놓은 방어막일지도 모른다는 생각도 들었다. 어찌됐든, 이것은 나의 첫 번째 방문일 뿐이고, 앞으로 기회는 충분히 있을 것이었다. 히말라야의 설산은 다음 네팔 방문을 위해 잠시 마음속에 담아둔 채 안나푸르나를 내려왔다.

TIP 유네스코 등록 세계문화유산

네팔에는 유네스코가 지정한 모두 10개의 세계문화유산 지역 중에서 8개의 문화유산과 2개의 자연유산이 있다. 네팔의 문화유산은 역사적 지표로서 그곳에 살고 있는 사람들이나 그들이 속하는 사회, 그 모든 것이 살아 숨 쉬는 박물관이자 종교인들에겐 순례여행의 목적지이다. 8개의 문화유산 중 7개가 집중되어 있는 카트만두, 파턴, 벅터푸르. 그리고 나머지 한 곳은 부처님 출생지인 룸비니이다. 2개의 자연유산은 에베레스트 국립공원과 치트완 국립공원이다.

(주)네팔투어(www.nepaltour.co.kr) 제공

🔻 신들의 영토, 히말라야를 만나다(마운틴 플라이트)

구름 위로 세상에서 가장 높은 에베레스트 산이 그 거대한 위용을 뽐내고 있다. 구름 밑 산의 시작되는 곳은 너무나 아득해 잘 보이지도 않는다. 자그마치 8848m 높이의 에베레스트 산 정상은 그 어마어마한 높이에 감히 구름도 범접하지 못한다. 랑탕 히말, 쿰부 히말 등 세계적으로 명성이 자자한 히말라야의 거봉들이 파노라마처럼 생생하게 눈앞에 펼쳐진다.

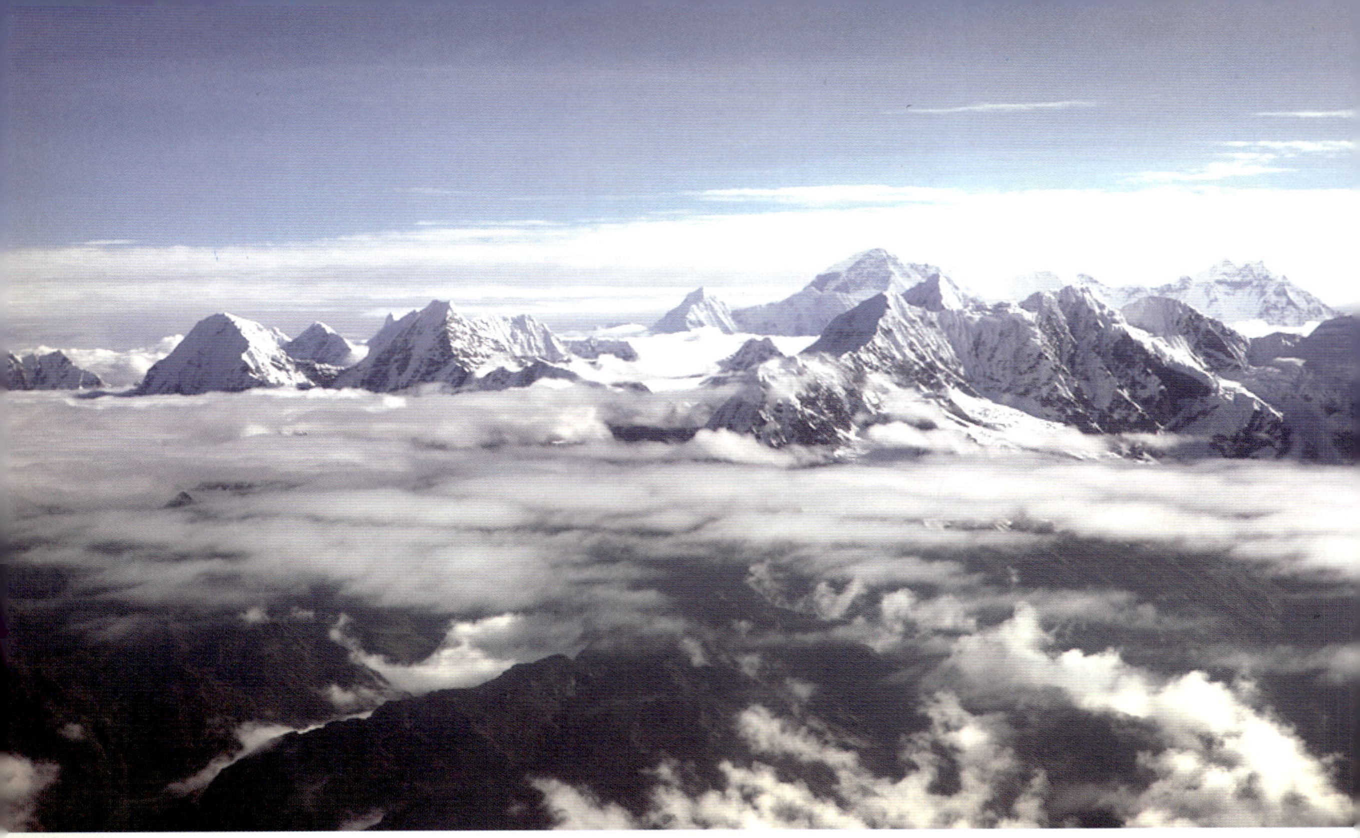

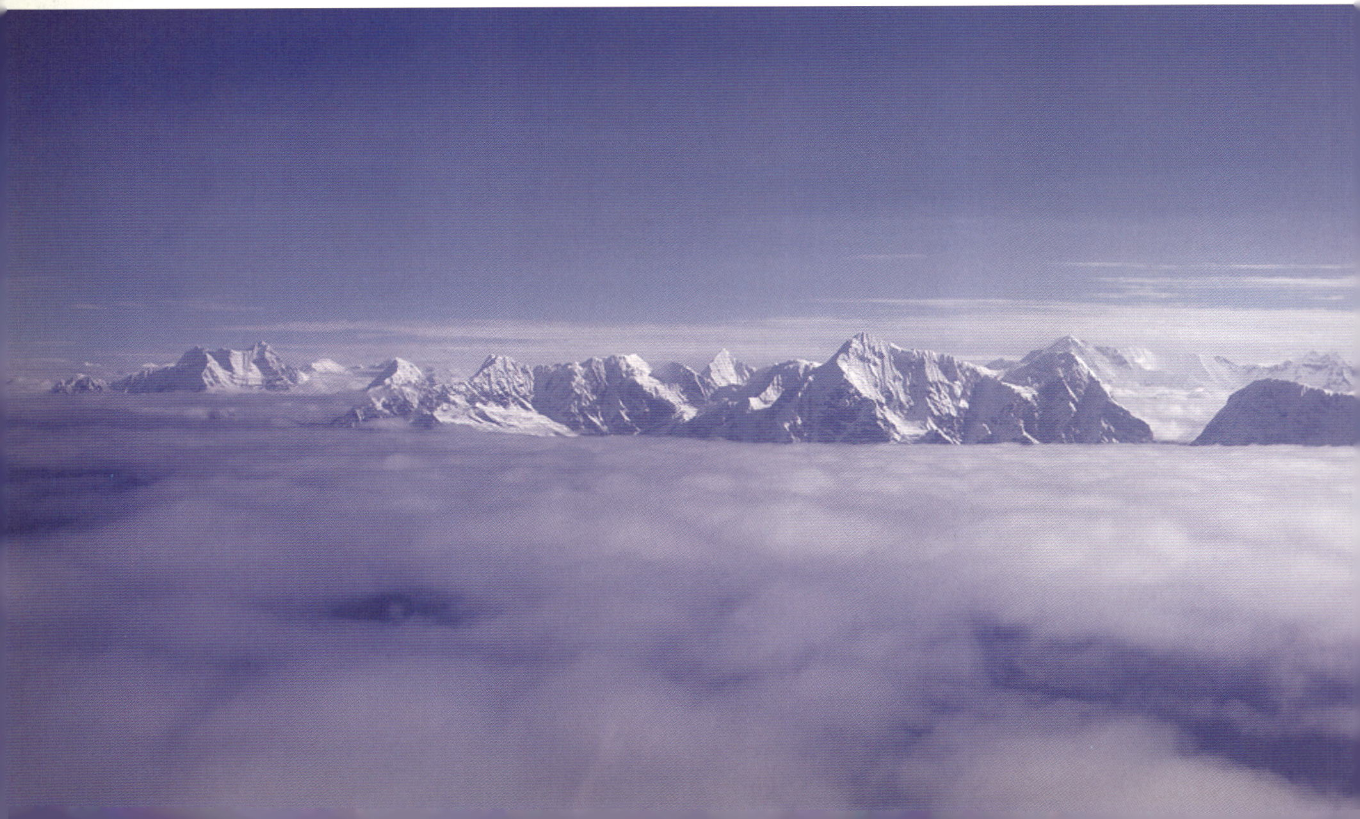

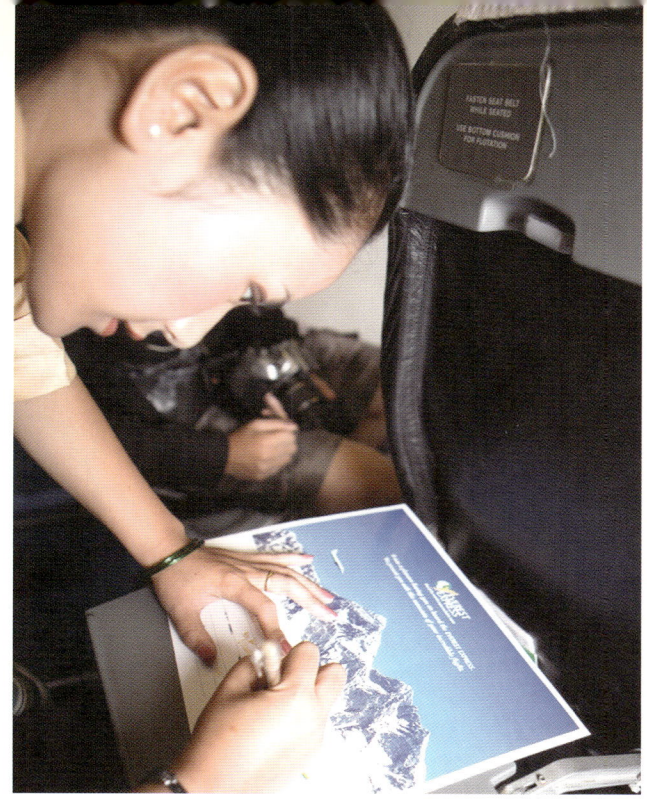

도저히 믿기지 않는 장관이었다. 까마득하게 높은 하늘 구름 위로 휘황찬란한 은빛을 뽐내며 거대한 설산들이 경쟁하듯 머리를 드밀고 있는 모습이라니…. 이건 신이 아니면 결코 만들어낼 수 없는 절대 비경이었다. 결코 꿈이 아니었다. 나는 지금 세계의 지붕인 히말라야 산맥을 날고 있었다.

히말라야 설산을 보지 못한 아쉬움에 고개를 떨군 나에게 아버지가 히말라야 근처를 비행하는 마운틴 플라이트를 제안했을 때만 해도 예상하지 못했고, 우리를 실은 경비행기가 카트만두 상공을 출발할 때까지도

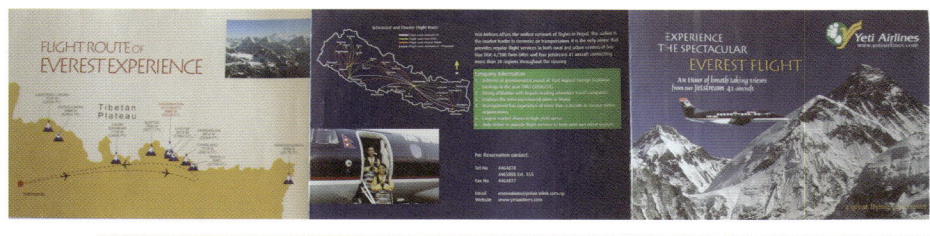

마운틴 플라이트를 설명하는 팜플릿들…

마운틴 플라이트를 끝낸 관광객들에게는 기념증서를 준다.

이런 광경은 예상하지 못했다. 하지만, 비행기가 고도를 높이 할수록, 히말라야 산맥에 점점 다가갈수록 나의 체온은 조금씩 상승하기 시작했다. 그리고 저 멀리 상층부의 구름 위로 거대한 위용을 자랑하며 우뚝 솟은 히말라야의 산들을 보면서 난 실감했다. 그리고 단언했다. 이곳은 분명 신들이 사는 영토라고. 신들의 손길이 아니고서는 도저히 만들어낼 수 없는 천혜의 비경이라고. 나는 신들의 손길로 빚은 천혜의 비경에 빠져 한동안 넋을 잃고 말았다. 물론…, 신들의 모습은 보이지 않았지만 말이다.

 **마운틴 플라이트(Mountain Flight, 산악 비행)**

마운틴 플라이트(에어 사파리)는 여행 일정이 빠듯한 관광객들에게는 하늘에서 웅대한 히말라야 산맥의 파노라마를 즐길 수 있는 히말라야 여행의 백미. 지구상의 가장 높은 세계 최고봉 에베레스트(8848m)를 비롯, 8000m급 봉우리 14개를 거느린 세계 최고·최대 산맥의 히말라야를 만날 수 있는 유일한 기회가 된다. 카트만두 트리뷰반 공항에서 출발하여 한 시간을 날아오르면 네팔 설경의 진수를 만나기 시작한다.

경비행기로 히말라야의 고산 가까이까지 다가가서 에베레스트를 위시한 창밖으로 펼쳐지는 네팔 설산의 장관을 볼 수 있는데, 보통 1시간 정도를 비행한다. 이륙해서 동쪽으로 에베레스트까지 접근했다가 돌아온다. 작은 경비행기라면 좌우 각각 한 명씩 앉을 수 있는 아주 작은 규모로 안내자가 친절하게 산 이름과 높이 등을 설명해준다. 조종석에서 부기장으로부터 설명을 들을 기회도 있다. 보통 국내선 항공기가 사용되는데 이른 아침에 산악 비행을 마치고 다시 국내선 일정을 소화한다. 날씨가 좋지 않아 운항을 하지 않으면 100% 환불이 되고, 기후가 좋지 않은 우기에는 실제로 자주 결항되기도 한다.

▶ 다시 카트만두 공항, 네팔을 떠나며

결코 길지 않은 시간 동안의 네팔 여정. 그 마지막 길에 다시 카트만두 공항에 섰다. 비나트너거르와 포카라, 마운틴 플라이트로 히말라야를 오가느라 몇 차례 이곳을 지난 탓에, 카트만두 공항은 이제 별로 낯설지 않았다. 종점에 쭉 세워진 버스들처럼 나란히 서 있는 국내선 비행기들이 정겹게 느껴졌다. 좌석이 스무 석도 채 안 되려나, 크기가 딱 우리나라 마을버스만한 국내선 비행기를 타고 네팔 곳곳을 돌아다녔던 기억이 아직 생생하기만 하다. 엉성한 모양에 처음엔 약간 위태로워 보이기도 했지만 나름 즐거웠고 스릴 있었던 네팔 비행 체험. 기내식으로 조그만 바구니에 담은 땅콩과 환타를 나눠줬던 정감 있는 스튜어디스들. 비행기에서 세 번이나 만났던 한 스튜어디스는 자신의 남자친구가 한국에 있다면서, 하얀 이를 드러내며 유독 반갑게 웃어주기도 했었다.

카트만두 공항은 국제공항인데도 별도의 스모킹 룸이 없다. 여행객들은 로비 아무데에서나 담배를 피우고 있어서 다소 충격적이었는데, 꼭 개선되었으면 하는 것 중의 하나였다.

카트만두 사원에서 딸 결혼식을 끝내고 고향으로 돌아가는 신랑신부와 기념촬영을 할 수 있었다.

현지여행사 지사장(한국말은 정말 잘해서 우리나라 방송사 가이드를 많이 하기도 했단다.

인천 공항으로 떠나는 비행기 시간을 확인하며 짐을 꾸린다. 공항에는 지번과 함께 현지 여행사 지사장님이 마중을 나와 있었다.

"여행은 즐거우셨어요? 지번의 말이 서툴러서 불편하셨지요?"

현지 여행사 지사장님은 지번과 달리 능숙한 한국말로 작별 인사를 건넸다. 지번도 머리를 긁적이며 인사말과 함께 종이쪽지 하나를 건넨다. 쪽지에는 이메일 주소가 적혀 있었다.

"동생, 내가 한국말이 서툴러서 미안해요. 부탁이 있는데 컴퓨터에서 한국말 쓸 수 있는 거 보내줄 수 있어요? 여기에는 없어요."

한국말 공부를 위해 컴퓨터 한글 프로그램이 필요한 모양이었다. 나는 한국에 가는대로 곧 바로 보내주겠다고 약속을 하며 지번과 작별 포옹을 했다. 자그만 키에 까만 얼굴, 한국말도 서툴고 다소 엉뚱한 면도 있지만, 티베트의 영원불멸한 지도자인 달라이라마를 정신적 지주로 여길 정도로 종교적 신념으로 살아가는 순박한 네팔인, 지번. 몇 년 쯤 뒤, 다시 네팔을 방문했을 때 지번은 내가 보내준 한글 프로그램으로 공부해 능숙해진 한국말 솜씨로 나를 맞이해줄 지 모르지만, 그동안 그와 함께했던 시간은 그 어느 능숙한 가이드와 함께했던 시간보다 정겹고 따뜻했다.

출국 심사를 위해 줄을 서는데 다른 줄에 비해 한국행 비행기에 오르는 줄이 현저히 빠르게 줄어들었다. 네팔인의 출국 심사에 비해 한국인들에 대한 출국 심사가 훨씬 간소하게 이루어지는 탓이었다. 최근에 한국 사람들이 봉사 활동을 많이 와서 그런지 네팔 내에서 한국 사람들에 대한 인식이 굉장히 호의적인 모양이었다. 내가 산티와 좋은 인연을 맺은 것처럼, 그리고 앞으로 더 지속적으로 만들어나갈 아름다운 관계처럼, 한국과 네팔 사이에도 더 좋고, 더 행복한 인연만 계속되기를 희망해 보며 인천행 비행기에 탑승했다. 노곤한 여정에 몸은 피곤했지만 잠은 오지 않았다. 가만히 창밖을 내다보는데 인천행 비행기가 육중한 몸체를 서서히 움직이며 카트만두 상공으로 날아올랐다.

일정 중 국내선 비행기로 여러 번 이동하던 중에 똑 같은 승무원을 세 번이나 만났는데, 그녀는 우리를 알아보며 반가워했다.

나는 가만히 눈을 감고 상념에 빠져들었다.

트레킹 도중 거머리에게 물린 상처는 아직도 아물지 않았지만, 담푸스에서 바라본 무지개는 또 얼마나 화사했고, 포카라 페와 호수 주변의 야경은 얼마나 여행자의 가슴을 설레게 했는지…. 너거르코트 전망대에서 잠깐 동안 보았던 해질녘 히말라야의 모습은 마치 조금 전에 본 광경처럼 아직도 내 기억 속에 선연하게 남아 있다.

과거 속으로 들어온 듯 수많은 신들과 사원, 왕궁들이 즐비한 카트만두 도심에서 큰 눈 껌벅이며 게으르게 걷는 소들과 세계문화유산 안에서 한가하게 낮잠을 즐기는 개들은 아직도 유유자적하게 카트만두를 거리를 누비고 있을 것이다. 비나트너거르에서 릭샤를 모는 검은 사내들은 지금도 관광객들을 상대로 시내로 가는 요금 흥정을 하고 있을 것이다.

그리고…, 비나트너거르 시골 마을에 사는 산티와 수십 명의 작은 천사들. 금방이라도 튀어나올 듯, 까맣고 커다란 눈망울로 나를 보며 해맑게 웃던 그 천진한 미소. 차마 일일이 가슴 속에 아로새기지 못한 시골 마을 천사들에 대한 아쉬움은 조만간 그곳을 다시 방문하게 되리라는 직감이 든다.

천혜의 자연과 세계의 역사를 간직한 문화유산이 즐비한 신비의 나라 네팔. 수많은 신들과 종교가 공존하고 음지와 양지가 공존하는 나라 네팔. 무채색의 빛깔로 여행자를 유혹하는 네팔이 점점 멀어지고 있었다.

지연이 적어준 주소

*outro 열여덟, 나는
리틀 인디아나존스 이재혁이다

01 열여덟, 열혈 고딩 이재혁

나는 대한민국에서 태어났고 해외에 나가 산적 한번 없이 대한민국에서 자라 대한민국 고등학교에 다니는 열여덟 고딩, 이재혁이다.

나의 멘토는 나에게 진정한 록의 스피릿을 가르쳐준 레드 제플린이고, 나의 스승은 2008 베이징 올림픽 폐막식에 기타 연주의 진수를 보여준 지미 페이지다. 차가운 면도날처럼 털끝부터 뼛속까지 파고들어 내 모든 세포를 자극하는 그의 기타 연주는 언제나 나를 흥분에 떨게 한다.

내가 기타와 지미 페이지를 사랑한다고 해서 서양의 음악에만 심취했느냐, 그것은 아니다. 김덕수 사물놀이 패의 신명 나는 장단에 "좋다!"라고 소리지를 줄도 알고, 장구를 치며 한국의 소리를 들을 줄도 아는 토종 된장 한국인이다.

더구나 내 열정은 축구에서 빛을 발한다. 지단과 호나우딩요의 개인기에 감탄하고 C호날두의 스피드에 입을 벌리며 델피에로의 감각적 슈팅에 탄성을 지른다. 맨유의 박지성과 함께 프리미어 리그를 누비며 심장박동수를 증진시키는 것도 잊지 않는다. 90분 동안 종횡무진 그라운드를 누비는 그의 플레이를 보며 내 심장이 하나인 것에 좌절하기도 한다. 비록 고등학교에서 점심시간마다 밥도 안 먹고 축구를 하는 것이 내가 보일 수 있는 열정의 전부이긴 하지만, 마음만은 항상 유럽 어느 명문구단의 경기장에서 세계 정상급 선수들과 함께 땀 흘리고 소릴 지르고 있다.

02 리틀 인디아나 존스가 떴다!

하지만, 내 열정이 절정에 다다르는 때는 역시 카메라를 들고 세상을 돌아다닐 때. 그래서 난 '리틀 인디아나 존스' 라는 별명을 결코 거부하지 않는다. 그것은 내가 영화 속 해리슨 포드처럼 카우보이 모자를 써서도(여행갈 때마다 챙기긴 하지만), 멋지게 채찍을 휘둘러서도 아니다. 그것은 내가 영화 속 인디아나 존스 부럽지 않게 세계 여러 지역들을 들쑤시며 다녔기 때문이다. 그렇다. 난 여행광인 것이다.

뭐 열여덟 살짜리가 다녀봤자 얼마나 다녔겠냐고 하지만, 난 내 여행 경력으로 제2의 '80일 간의 세계일주'를 써도 된다고 자부할 만큼의 경력은 될 것 같다. 1g만 과장해서 말하면, 또래 친구들이 영어학원과 pc방 사이를 배회할 무렵(나도 영어학원은 다녔지만), 난 이미 우리나라 모든 여행지를 섭렵했다. 북한땅과 울릉도, 독도만 제외하면 진짜 조선팔도는 이미 13살 때 다 밟아 보았다. 쬐끔한 초등학교에서(실제로 우리초등학교는 다른 학교에 비해 매우 작은 규모였다) 큼지막한 중학교로 옮기면서, 내 여행의 스케일도 커졌다. 중학교 입학 전 동아시아의 양대 국가인 중국과 일본을 섭렵하고, 중1 여름방학 땐 유럽, 그해 겨울방학은 오세아니아, 그 다음 해엔 아프리카 현재는 아메리카 대륙을 제외한 모든 대륙을 밟아보게 되었다.

이 나이에 이렇게 '싸돌아다닌' 나를 보는 시선이 항상 고운 것만은 아니다. 남들 다하는 공부는 언제 하는지, 이러다 정글북 모글리처럼 야생으로 들어가 버리는 건 아닌지, 가끔 걱정을 듣기도 한다.

03 걱정붙들어 매세요!

나를 향한 걱정을 이해 못하는 건 아니지만, 나 스스로는 여행 때문에 걱정해본 적이 한 번도 없다. 내 여행은 일상생활에서 벗어나고픈 욕망의 도피도 아니고, 공부하기 싫어 학교를 땡땡이치려고 만드는 사춘기 소년의 잔꾀도 아니기 때문이다. 내가 끊임없이 미지의 세계로 발걸음을 옮기는 것은 세상에 대한 참을 수 없는 관심과 궁금증 때문이다.

지구라는 행성, 그 중에 아시아 대륙, 그 속에서도 작은 반도 국가인 대한민국에 사는 사람이 같은 행성 저편의 수백 개 나라의 수십 억 사람들의 삶과 언어, 문화가 궁금한 것은 어쩌면 당연한 일이다. 머리털 나고 처음으로 가보는 낯선 도시, 처음으로 만나는 낯선 사람, 처음 들어보는 낯선 언어, 또 처음 마셔보는 낯선 공기들을 경험하고 느끼다 보면, 이 땅 위에 발 딛고 서 있는 내가 진짜 누구인지 깨닫게 되고, 또 한층 더 성장하고 새로워진 나를 만나게 되는 것이다.

나는 지금 내가 남기는 최초의 기록과 함께 내 여행의 전환점이 되기를 희망한다. 그동안 지나왔던 나의 여행이 세계에 대한 막연한 궁금증 때문이었다면, 앞으로의 여행은 세상과 소통하며 희망을 만들어 나가는 과정이기를 소망하고, 또 그 희망을 만들기 위해 또 여행을 떠날 것이다. 나는 아직 본 것보다 봐야 할 것이 많은 고딩이고, 세계를 향해 열어놓은 카메라 렌즈에 담아올 것도, 세계로 향해 열려있는 나의 뜨거운 심장에 담아올 것 또한 아직 무궁무진하기 때문이다. 이것이 현재 지금 내가 살아가고 있는 이유이고, 내가 거침없이 세계로 나아가는 이유이며, 또 새로운 곳으로 떠날 차비를 하야 할 이유인 것이다.

난 또 배낭을 싸고 카메라 셔터를 누를 것이다. 다가오는 2009년, 내 열여덟은 끝나가지만, 내 여행은 끝나지 않았다.

Boys be ambitious!

소년이여 야망을 가져라!

세계를 향한 꿈·나눔·희망바이러스!!

(18세 고딩) 네팔을 만나다

1판 1쇄 인쇄 2009년 1월 10일
1판 1쇄 발행 2009년 1월 15일

지은 이 이재혁
펴 낸 이 이미옥
펴 낸 곳 아이생각
정   가 12,000원
등 록 일 1999년 9월 3일
등록번호 220-90-18139

주   소 서울 광진구 능동 253-21 (우편번호 143-849)
전화번호 (02) 447-3157~8
팩스번호 (02) 447-3159

저자 합의
인지 생략

ISBN\978-89-956910-7-6 (13900)
Copyright ⓒ 2009 i think Books Publishing Co.,Ltd

아이생각은 디지털북스의 자회사로 실용 서적을 출간합니다!

성공어학연수
미국 / 필리핀 맞짱뜨기

미국 맞짱뜨기 / 이재혁 저 / 12,000원
필리핀 맞짱뜨기 / 박미경 저 / 12,000원

성공적인 어학연수는 준비과정이 그 50%를 차지한다. 필자들이 직접 연수학교는 물론, 현지 생활정보까지 생생하게 전해주는 현장학습으로 꾸며져 있다.

Middle/High School Vocabulary 암기비법
Chan's 중학영단어 / 고교영단어

조중찬 저 / 각 9,000원

영어를 못하는 것은 머리가 나쁘거나 노력이 부족해서가 아니라 방법이 틀려서인 경우가 많다. 영단어는 문장 속에서 자연스럽게 익혀야 한다. 이 책은 요일별 학습프로그램으로 단어+숙어+독해를 한 번에 쉽게 통째로 익힐 수 있는 환상적인 예문체계를 보여준다.

웃다가 건진
영단어 / 영어회화

양희성 저 / 각 9,000원

엉뚱 Blogger의 '웃다가 건진 개콘영어'로 영어회화 핵심표현과 테마가 있는 영단어로 들이대는 배짱영어, 공감 Story의 친숙한 멘트를 따라 웃다보면 어느새 풍요로운 영어를 즐기고 있는 자신을 발견할 수 있다.

사진으로 보는 광고이야기(1·2)
사진, 광고에서 아이디어를 훔치다
사진, 광고와 생각을 통하다

이희인 저 / 각 15,000원, 16,500원

사진도 생각입니다. 보는 순간 사랑에 빠지지 않는 크리에이티브한 강한 컨셉의 해외광고. 여지없이 기대를 배신하는 신선함이 묻어나는 아이디어로 사진이 광고를 만났습니다. 사진이 질투한 광고, 그리고 광고가 사랑한 사진… 사진, 광고에서 아이디어를 훔치다, 사진, 광고와 생각을 통하다.

홍지윤이 들려주는 생활 속 그림이야기(Art Storyl)
미술로 나를 마케팅하라

홍지윤 저 / 15,000원

생소했던 '그림, 작품' 이란 말들도 이제는 어느덧 우리의 생활에 깊이 자리 잡고 있다. 명품과 작품과 문화가 마케팅의 진화로 한 곳에서 어렵지 않게 어우러지고, 아트마케팅도 진화하여 고객의 가슴에 감동의 여운을 남기며 우리 곁에 생활 속에 있음을 우리 주변의 쉬운 이야기로 잔잔히 들려준다. 아트. 내 주변에, 내 기업에 적용하라. 그 감동도 여운도 그만큼 크기 때문이다.

유럽 자동차로 떠난 100일간의 좌충우돌 여행기
유럽 신혼여행 훔쳐보기

박성규, 박신헌 저 / 17,000원

이 책은 그야말로 젊음만을 꾹꾹 눌러 담은 새내기 신혼부부가 자동차로 100일간의 좌충우돌, 알콩달콩 유럽일주를 훔쳐보는 재미와 함께 구석구석의 숨은 정보를 동시에 누릴 수 있다.

아는 만큼 더 보이는
유럽여행

이상묵 저 / 13,500원

여행은 그곳의 전성시대를 엿보는 일. 그런 만큼 그 주역들을 비켜갈 수는 없다. 특히 유럽여행은 뭐 좀 알고 가는 유럽여행, 아는 만큼 더 보이는 유럽여행, 알고 보니 다 보이는 유럽여행을 포인트로 삼고 있다.

후원신청 02-784-2004 www.worldvision.or.kr

World Vision

사랑이 필요한 곳에 언제나 월드비전이 있습니다

기억해줘,
너를 사랑하는 사람들이 있다는걸

지난 2008년 자신의 후원아동 윌슨을 만나기 위해 우간다를 찾았던 정애리 친선대사의 글입니다. 정애리 친선대사는 2009년 1월 현재 월드비전을 통해 윌슨을 비로쇼한 105명의 국내외 어린이들을 돕고 있습니다.

윌슨, 네가 같이 갔던 우리 일행을 다 울렸던 거 아니? 동료 기자들의 도움으로 소와 염소를 사줬잖아.
처음엔 어리둥절해 하던 네가 힘들게 소를 나무에 매어 놓곤 갑자기 우리에게 뚜벅뚜벅 걸어왔지.
그러고선 눈물이 그렁그렁한 얼굴로 환하게 웃으며 악수를 청했잖아.
"Thank you, Thank you!" 가슴이 미어지더라. 아이답지 않은 너 때문에 난.
네 부모들이 왜 에이즈에 걸려서 너희가 고아가 됐는지 그런 건 따지고 싶지 않았단다.
단지 네가 항상 이것만은 기억해줬으면 좋겠어. 너를 사랑하는 사람들이 많이 있다는 것.
그리고 하나님이 항상 너와 함께 하신다는 것.
다시 한 번 사랑해, 안녕!

월드비전은 전 세계 100여 나라에서 도움이 필요한 1억 명의 지구촌 이웃들과 함께 일하는 세계 최대의 구호개발NGO 입니다.